全球武器精选系列

全球特种武器TOP精选
（珍藏版）

★★★★★

（第2版）　《深度军事》编委会 编著

U0275097

清华大学出版社
北京

内 容 简 介

本书着重介绍了国外 70 余款优秀的特战装备，包括特战狙击步枪、特种枪械、特战爆破武器、特种冷兵器、特战载具、特战防具、特战瞄具及夜战装备等。本书在对每款武器进行详细介绍的同时，还对其以排行榜的形式进行排名对比，每款武器的排名均秉承客观公正的原则，并设有"排名依据"板块，对每款武器的排名原因进行说明。

为了增强阅读趣味性，本书还为每款武器加入一些相关的趣闻逸事。通过阅读本书，读者可以全面了解这些特战武器的性能，也能很容易地对每款武器进行辨别。本书内容翔实，结构严谨，分析讲解透彻，图片精美丰富，适合广大军事爱好者阅读和收藏，也可以作为青少年的科普读物。

图书在版编目（CIP）数据

全球特种武器 TOP 精选：珍藏版 /《深度军事》编委会编著 . —2 版 . —北京：清华大学出版社，2021.12（2024.10 重印）

（全球武器精选系列）

ISBN 978-7-302-59631-8

Ⅰ . ①全… Ⅱ . ①深… Ⅲ . ①特种武器—介绍—世界 Ⅳ . ① E92

中国版本图书馆 CIP 数据核字（2021）第 255440 号

责任编辑：李玉萍
封面设计：郑国强
责任校对：张彦彬
责任印制：杨　艳

出版发行：清华大学出版社

网　　　址：https://www.tup.com.cn, https://www.wqxuetang.com
地　　　址：北京清华大学学研大厦 A 座　　　邮　　编：100084
社 总 机：010-83470000　　　邮　　购：010-62786544
投稿与读者服务：010-62776969，c-service@tup.tsinghua.edu.cn
质 量 反 馈：010-62772015，zhiliang@tup.tsinghua.edu.cn

印 装 者：三河市龙大印装有限公司
经　　销：全国新华书店
开　　本：146mm×210mm　　　印　　张：10.75　　　字　　数：275 千字
版　　次：2017 年 7 月第 1 版　　2022 年 1 月第 2 版　　印　　次：2024 年 10 月第 4 次印刷
定　　价：69.00 元

产品编号：091261-01

前言

　　21世纪以来，随着特种作战理论和武器装备的快速发展，特种作战的地位与作用越来越突出，尤其是在近年来的几场局部战争中，特种部队不仅在力量构成上高度一体化，而且作战能力完全超出了传统的侦察、袭扰等范围，已经从战争的后台走到了前台，从作战行动的配角变成了主角。特种作战随之发生了深刻的变化，从一定意义上看，已经成为一种全局性、战略性、综合性的重要作战形式。

　　伴随着特种作战部队地位的提升，海外各国在特种部队建设上的投入也越来越大，而首要的就是特种作战装备的研发和配备。由于特种部队所担负任务的特殊性，其作战装备也与普通部队存在差异。正如特种部队的成员需要层层选拔一样，特种部队的作战装备同样也是精挑细选而来。精良的作战装备加上出类拔萃的战斗素质，这就是特种部队纵横战场的根本所在。目前，各国特种部队在更多地采用陆、海、空三军通用的轻便、灵活，性能更好的装备的同时，还在积极研制专用的和新概念武器。未来，特种作战装备将更加科技化和多样化。

　　本书着重介绍了国外70余款优秀的特战装备，包括特战狙击步枪、特种枪械、特战爆破武器、特种冷兵器、特战载具、特战防具、特战瞄具及夜战装备等。在对每款武器进行详细介绍的同时，还对其以排行榜的形式进行排名对比，每款武器的排名均秉承客观公正的原则，并设有"排名依据"板块对每款武器的排名原因进行说明。为了增强阅读趣味性，本书还为每款武器加入了一些相关的趣闻逸事。通过阅读本书，读者可以全面了解这些特战武器的性能，也能很容易地对每款武器进行辨别。

本书是真正面向军事爱好者的基础图书，编写团队拥有丰富的军事图书写作经验，并已出版了许多畅销全国的图书作品。与同类图书相比，本书不仅图文并茂，在资料来源上也更具权威性和准确性。

本系列图书由《深度军事》编委会创作，参与本书编写的人员有阳晓瑜、陈利华、高丽秋、龚川、何海涛、贺强、胡姝婷、黄启华、黎安芝、黎琪、黎绍文、卢刚、罗于华等。本系列图书对于广大资深军事爱好者，以及有意了解国防军事知识的青少年，不失为极具价值的科普读物。希望读者们能够通过阅读本书循序渐进地提高自己的军事素养。

目录

Chapter 01
特种部队概述

特种部队是指国家或集团为实现特定的政治、经济或军事目的，专门组建的用于执行某种特殊任务的部队，具有编制灵活、人员精干、装备精良、机动快速、战斗力强等特点。特种部队是担负破袭敌方重要的政治、经济、军事目标和执行其他特殊任务的部队，通常由最高军事指挥机关直接指挥和领导，少数国家由国防部或某个军种领导。

◉ 特种部队主要特点

▐▐▐▷★ 人员出色

　　特种部队对人员的要求非常高，在招收新成员时往往要在思想动机、心理素质、文化程度、身体条件等方面对应征人员进行严格考核。以美军特种部队为例，其队员的招募条件大致是：在陆、海、空军服役 3 年以上，体格健壮并取得空降合格证书；必须出于"爱国主义动机"；具有高中或大学文化水平，有一定的外语基础；必须敢于冒险、不怕牺牲、勇于承担责任。一经录取，这些人员还将在特种部队学院进行正规、严格的培训，时间为半年至 1 年。美军特种部队学院实行定期淘汰制，淘汰率最高达 77%，平均合格率仅为 50%。

　　以色列特种部队的应征者首先要接受严格的体检、心理测试和背景调查。在入伍后一周内，部队还要对其入伍动机、个人爱好、特长等进行考察。新兵能够通过这一考核的比例仅为 10% ～ 20%。此后，这些通过初步考核的人员将接受 20 ～ 24 个月的基础训练和特种训练，考试合格后方可在特种部队服役。印度特种部队要求应征者必须信守"职责、荣誉、国家"的格言，具有主动性和创造性，必须拥有强健的体魄，同时要求具有高中文凭。

全副武装的德国海军特种兵

▐▐▐▷★ 编制灵活

　　为确保特种部队在危险环境下完成任务，就必须使其具备多种作战能力。各国特种部队一般都编有侦察、突击、反恐、破坏、民事、心理、通信等专业分队。此外，还可得到海、空军专业分队的支援配合。作战行动中，通常采用委托式指挥方式，即由受领任务的特遣队指挥官负责组成执行任务的特遣（分）队，并具体实施作战指挥。这就要求其编制具有灵活性。

各国特种部队的编制一般为大队（群）或团（营），下辖中队、小队或连、排（组）。大队（群）或团（营）编制一般为1200～1500人，中队、小队或连、排（组）编制只有数十人。而组为最小的作战编制，一般为2～15人。如美国陆军特种作战群为1400人，辖54个中队，每个中队仅12人。

执行要员保护任务的德国 GSG-9 行动小队

训练严格

为了能够完成特殊而复杂的任务并具有多种作战能力，各国特种部队的训练极为严格，训练内容主要包括：高强度体能训练、"一专多能"训练、各种作战类型的适应性训练及模拟训练等。

执行特种作战任务常常需要付出超常的体力，并承受极度的精神压力。因此，特种部队成员势必要有强健的体魄、坚强的毅力和良好的心理素质。体能训练的内容主要包括军事体育项目和特殊的心理训练项目。如美军特种部队的体能训练分三个阶段：一是基础训练，内容有田径、球类、游泳、体操、越障；二是技能技巧训练，内容有拳击、摔跤、刺杀、登山、滑雪、武装泅渡；三是冒险训练，内容有攀登、跳伞、滑翔、悬崖跳水等。

特种部队专业分工多，所担负的任务种类繁杂，因此特种兵要掌握多种专业技能。如美国陆军特种部队要求队员掌握的专业技能达数十种，主要有领导艺术、心理战，熟练掌握可能执行任务区的语言，了解异国文化及风俗民情，熟练操作和维修本国及各国的现行武器装备，驾驶各型军用车辆及坦克和直升机，水下战斗，在丛林、雪地、沙漠和核、生、化条件下的生存与作战的技能，以及战地救护等。

进行战地救援训练的美军士兵

所谓各种作战类型的适应性训练，即按照可能的作战行动类型有针对性地进行全面训练。如美军特种部队的作战类型分为六种：非常规战、特种侦察、直接行动、反恐行动、内卫和辅助支援行动。训练内容为与作战类型有关的计划、战术、技术与程序、侦察、游击战、作战效果评估与核查等。以色列特种部队则针对各种可能发生的情况和战斗制定行动预案，并要求部队按照行动预案进行演练。

模拟训练主要分为两种类型。一是采用先进的训练模拟器材，包括用于进行复杂技术装备操作训练的技术模拟器材（如直升机模拟驾驶仪），以及场地或室内使用的对抗模拟器材（如美军的多用途激光交战模拟器）。二是设置逼真的实战环境，即在实地使用假想敌和实物进行训练。如以色列和印度的特种部队在机场的民用客机上进行反劫机实战演练，机内有扮装的乘客和劫机恐怖分子。美军特种部队则按照任务的需要组织受训人员到深山、沙漠、港口等特殊场地与扮装的"游击队"或"恐怖分子"进行非正规战和反恐怖行动训练。此外，美国和以色列还尽可能地让其特种部队参加实战锻炼，以提高实战能力。

美国海军"海豹"突击队进行体能训练

装备精良

由于特种部队所担负任务的特殊性，其武器装备从普通的轻武器到高级的电子通信设备、武装直升机、导弹巡逻艇甚至潜艇，应有尽有。轻武器主要有各式手枪、机枪、狙击步枪、微声冲锋枪、眩目手榴弹、反坦克枪榴弹、轻型迫击炮和定向地雷等；重武器则包括装甲战斗车、武装直升机、运输直升机、各种战斗和运输舰船以及潜艇。此外，特种部队的装备还包括各种特战专用装备和高级电子设备，如滑雪、登山和潜水装备，地（水）面定位导航设备、卫星通信设备、夜视与红外侦察设备、遥控侦察飞机等。

目前，各国特种部队在更多地采用陆、海、空三军通用的轻便、灵活，性能更好的装备的同时，还在积极研制专用的和新概念武器，即那些可能改变传统特种作战方式的专用和非致命性武器。如美国国防部已授权成立一个专门机构，研究非致命性武器所需的相关技术，包括激光、微波、声波、电磁脉冲、化学复合物和电脑病毒等。美军成立不久的特种作战研究与发展中心也投入大量资金用于反恐专用武器装备的研制。

法国国家宪兵干预队装备的装甲车辆

特种部队主要任务

斩首行动

于战前或战争过程中，派遣特战队员深入敌后，攻击敌方关键人物或指挥中枢，置敌人于群龙无首、无法沟通的状态。

▌▌▌▷ ★ 骚扰行动

阻碍敌人的行动能力，包括破坏敌方设备和系统，攻击敌方基础设施或伏击敌军等；或采用心理战，给敌方阵营造成恐惧与混乱。

▌▌▌▷ ★ 护卫行动

保护己方重要人物或设备，也包括在进攻之后帮助队友护卫空军和海军用以等待支援。

▌▌▌▷ ★ 反恐行动

快速处理国内发生的恐怖袭击和压制社会动乱等，有效维持地区稳定。

特战队员进行高空跳伞

▌▌▌▷ ★ 救援行动

包括解救被劫持的人质以及搜救跳伞的飞行员等。

"三角洲"特种部队进行反恐训练

特种部队装备特点

功能全面

　　特种部队在执行作战任务时，会遭遇各种各样的地形条件、多变的天气以及目标对象，功能单一的武器装备不仅满足不了任务需求，还会因任务失败而造成损失。多功能的武器装备不仅能满足多样的任务需求，大大提高特种部队的作战效率，还提高了特战队员的存活率。

火力强大

　　特种部队使用的武器必须要有强大的火力，才能以最快的速度压制敌人。火力强大的武器是特战队员杀敌的利器，也是任务成功的保障。

特战队员使用轻机枪进行火力压制

高度可靠

　　特种部队需要执行的任务决定了其使用的武器必须具有极高的可靠性，这样才能保障特战队员发挥实力，同时也决定着任务的成功与否。

‖‖‖▷ 隐蔽性强

　　特战队员在执行任务时，往往需要出奇制胜。他们使用的装备需要有极强的隐蔽性，这样才能避免因暴露而导致任务失败。

特战队员在夜间进行绳降

‖‖‖▷ 机动性高

　　特战队员往往会借助各种载具前往任务地点，包括装甲车、快艇、直升机等，这些载具必须具有高机动性，才能保证特战队员快速安全地到达任务地点。

特战队员进行警戒

Chapter 02

特战狙击步枪

　　枪械是现代军队中使用最广泛的单兵武器，对于特种部队来说同样如此。特种部队装备的枪械往往侧重于隐蔽性和便携性，与普通部队装备的枪械有一定区别，但在某些作战条件下，两者并无区别。特种部队使用的狙击步枪对性能和机动性要求更高，在具有强大火力的前提下，还需要具备一定的隐蔽性和机动性，本章精选了 5 款被各国特种部队广泛使用的狙击步枪进行排名与详细介绍。

 整体展示 ●

 衍生型号、服役时间和生产厂商

TOP5 VSS 微声狙击步枪	
衍生型号	暂无
服役时间	1987 年至今
生产厂商	俄罗斯中央精密机械工程研究院，总部位于莫斯科

TOP4 夏伊 CheyTac M200 狙击步枪	
衍生型号	M200 CIV、M200 RK
服役时间	2001 年至今
生产厂商	夏伊战术公司是美国的一家轻武器制造公司

TOP3 麦克米兰 TAC-50 狙击步枪	
衍生型号	TAC-50、A1-R2
服役时间	2000 年至今
生产厂商	麦克米兰公司是美国的一家轻武器制造公司

TOP2 AWM 狙击步枪	
衍生型号	步兵型、警用型、隐形 PM 型
服役时间	1997 年至今
生产厂商	精密国际（AI）是位于英国汉普郡朴茨茅斯的一家枪械制造商，由英国射击运动员马尔柯姆·库帕于 1978 年建立，主要生产狙击步枪

TOP1　巴雷特 M82 狙击步枪	
衍生型号	M82A1、M82A1A、M82A1M、M82A2、M82A3、XM107（M107）、M107CQ
服役时间	1989 年至今
生产厂商	巴雷特枪械公司是美国的一家制造枪械和弹药的公司。该公司由朗尼•巴雷特于 1982 年创立，总部位于田纳西州

 ## 武器尺寸

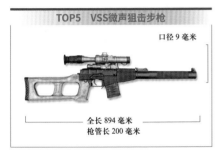

TOP5　VSS微声狙击步枪

口径 9 毫米

全长 894 毫米
枪管长 200 毫米

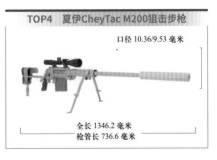

TOP4　夏伊CheyTac M200狙击步枪

口径 10.36/9.53 毫米

全长 1346.2 毫米
枪管长 736.6 毫米

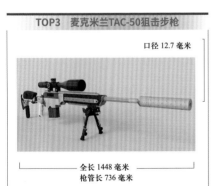

TOP3　麦克米兰TAC-50狙击步枪

口径 12.7 毫米

全长 1448 毫米
枪管长 736 毫米

TOP2　AWM狙击步枪

口径 11.2 毫米

全长 1180 毫米
枪管长 660 毫米

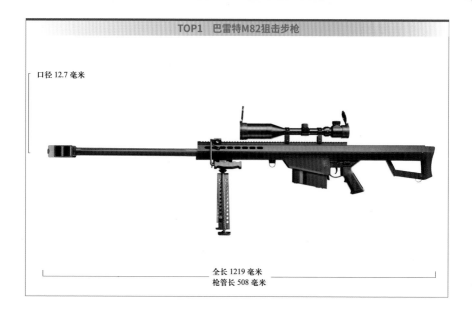

基本作战性能数据对比

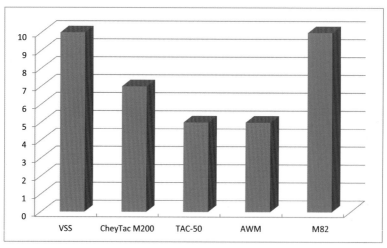

特战狙击步枪弹容量对比图（单位：发）

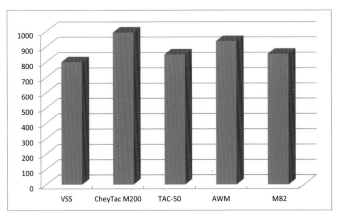

特战狙击步枪枪口初速对比图（单位：米 / 秒）

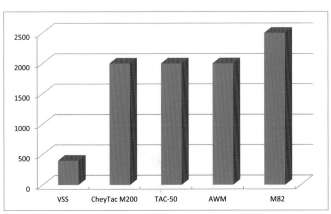

特战狙击步枪有效射程对比图（单位：米）

VSS 微声狙击步枪

VSS（是 Vinovka Snaiperskaja Spetsialnaya 的缩写，即"特种狙击步枪"）是苏联于 20 世纪 80 年代研发的一种微声狙击步枪，又叫 Vintorez（螺纹剪裁机）。

排名依据
VSS 微声狙击步枪的体积小，射击噪声低，枪口初速也不低，堪称特战队员的完美武器之一。

研发历程

20 世纪 80 年代后期，苏联中央精密机械工程研究院的彼德罗·谢尔久科领导的研究小组成功研制出 AS（是 Avtomat Spetsialnij 的缩写，即"特种突击步枪"）突击步枪。VSS 微声狙击步枪其实是 AS 突击步枪的狙击型，两者是同一系列的武器，也是由彼德罗·谢尔久科领导小组研制的。

配备 VSS 微声狙击步枪的俄罗斯特种兵（左后）

手持 VSS 微声狙击步枪的俄罗斯特种兵（中）

▧ 总体设计

    VSS 微声狙击步枪是由 AS 突击步枪改进而来，两者的结构原理一样。在外形上，两者的区别主要是枪托和握把。VSS 微声狙击步枪取消了独立的小握把，改为框架式的木质运动型枪托，枪托底部有橡胶底板。此外，两者的弹匣可以通用，但 VSS 微声狙击步枪的标准配备是 10 发弹匣。AS 突击步枪虽然也可以发射 SP-6 和 PAB-9，但主要是发射便宜的 SP-5 普通弹。VSS 微声狙击步枪也可以发射 SP-5 普通弹，但主要是发射 SP-6 穿甲弹。

手持 VSS 微声狙击步枪的俄罗斯空降军士兵

手持 VSS 微声狙击步枪的俄罗斯空降军第 45 独立侦察团士兵

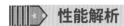

性能解析

VSS 微声狙击步枪发射可刺穿轻甲的 9×39 毫米 SP-5 枪弹，在狙击射击时只能是普通的单发模式。它装置有消声器，加上使用亚音速枪弹，膛口噪声得以减小，发射时噪声低到 130 分贝以下，实现了微声狙击。由于 VSS 微声狙击步枪被定位为特种任务武器，因此它可以分解为 3 个部分，放进 1 个 450×370×140 毫米（长 × 宽 × 高）的盒子，同时附有 2 个弹匣、1 个 PSO-1 光学瞄准镜以及 NSPU-3 夜视瞄准镜。

趣闻逸事

VSS 微声狙击步枪于 20 世纪 80 年代开始投入使用，在车臣作战的俄罗斯特种部队经常使用该武器，其中更有部分流入车臣武装组织手上。2004 年别斯兰人质危机中俄罗斯特种部队也有采用。

TOP 4　夏伊 CheyTac M200 狙击步枪

CheyTac M200 是美国夏伊战术公司生产的一款狙击步枪，有多种口径，目前已被多个国家的特种部队采用，如捷克特殊任务小组、约旦 SRR-61 团、波兰陆军 GROM 特种部队、土耳其默鲁恩贝雷帽部队等。

排名依据

CheyTac M200 狙击步枪具有强大的动能，其发射的子弹在 2000 米外还能以超音速飞行。

⬛⬛⬛⭐ 研发历程

　　CheyTac M200 狙击步枪的研发者是兰迪·哥佛谢夫，2001 年开始批量生产。2006 年 11 月 13 日，夏伊战术公司曾在资料文件中宣称，"CheyTac M200 远距离步枪系统被定位为一种在 1828.8 米的范围使用的反人员系统"。

在瞄准镜上加装热成像仪的 CheyTac M200 狙击步枪

⚡️▷ 总体设计

CheyTac M200 狙击步枪使用手动枪机操作，发射机构装在机匣底部尾端，并在发射机座上装上了可自由伸缩的枪托，枪托配有折叠后脚架和托腮架。枪管采用自由浮动式设计，只与机匣连接，并且有圆柱形护木保护。枪管和枪机有凹槽以减少重量及提升张力，两者可以迅速更换或分解，方便运输。

CheyTac M200 狙击步枪护木上、弹匣前方的大型提把用于方便携带此枪，同时也能充当前枪托，在不使用时可以向下折叠。枪口设有 PGRS-1 制动器，并可装上消声器，握把上设有手指凹槽。由于 CheyTac M200 没有安装机械瞄具，

必须利用机匣顶部的皮卡订尼战术导轨安装光学瞄准镜或夜视镜，而其他战术配件可在前端的战术导轨上安装。

⚡️▷ 性能解析

CheyTac M200 狙击步枪拥有强大的动能，其发射的 .408 弹药在 2000 米外还能以超音速飞行。这种远射步枪系统还包括新型的战术电脑、传感器和弹道软件等。CheyTac M200 狙击步枪不同衍生型的主要性能差异，都

是由枪管长度来决定枪口初速的。枪口初速越高的话，就越会增加步枪的有效射程，其余性能相同。

趣 闻 逸 事

　　CheyTac M200 狙击步枪曾出现在多部电影、电视资讯节目、电脑游戏和动画里。如：在电影《生死狙击》中被鲍伯·李·史瓦格和伊萨·强森上校所使用；在《特种部队 OL》《反恐精英 OL》《使命召唤：现代战争 2》和《国土防线》等电子游戏中，CheyTac M200 狙击步枪均有出场，但外观和性能不尽相同；在日本动画节目《天使的心跳》中，CheyTac M200 狙击步枪是主要角色仲村百合使用的武器之一。

重要配件

枪口制退器和微声器

　　能够减少 CheyTac M200 狙击步枪后坐力的重要配件，就是由枪械设计师布鲁斯·麦克阿瑟研制 PGRS-1 枪口制退器，麦克阿瑟同时也是位于密歇根州的火石及金属片枪械工厂的董事长。他利用连着子弹的高压火药燃气在离开枪口制退器以前用作制动。而装在枪口制退器的不锈钢微声器，则是由 OPS 公司所生产。一体化全不锈钢构造的微声器的内部并没有任何可以替换的部件，以确保微声器的寿命等于甚至超过步枪的寿命。如果用户需要调整枪口制退器，就必须重新对瞄准镜的瞄准高度作 6 角分的归零调整。

光学瞄准镜

CheyTac M200 狙击步枪没有安装机械瞄具，它有两种不同的光学瞄准镜可以在白天使用。最主要的瞄准镜是 Nightforce NXS（5.5 ～ 22）×56 毫米可改变放大率的瞄准镜，物镜长度为 56 毫米。作为备用的第二种瞄准镜是美国制造的 SN-9 光学瞄准镜。而选用的夜视仪系统是 AN/PVS-14 第三代尖顶单眼用式夜视仪。AN/PVS-14 需要利用转接部件连接到白天用光学瞄准镜。而 AN/PEQ-2 激光 / 红外线指示器系统用作夜视仪系统的支援，尤其是在没有足够的环境光或是需要利用红外激光作进一步对目标照明及瞄准的条件下使用。该设备需要使用一个以钛制成的导轨安装支架连接于瞄准镜的上方。

先进弹道计算机

CheyTac M200 狙击步枪配备的先进弹道计算机（ABC）是一种远距离狙击用个人数码助理，用于提高狙击手的预测能力。它的预测能力是根据实际子弹飞行数据，而数据是来自位于亚利桑那州尤马美军靶场中的高速威贝尔 1000e 多普勒雷达。

手提式气象及环境感应器组件

CheyTac M200 狙击步枪配备的"红隼 4000"气象及环境感应器主要用来测量风速、空气温度和气压。它能够收集相对湿度、风寒和露点，并直接反馈给先进的弹道计算机。

黑色涂装的 CheyTac M200 狙击步枪

▌▌▌★ 衍生型号

名　称	说　明
M200	标准型，枪管长度为 736.6 毫米，伸缩枪托及可拆卸式弹匣供弹
M200 Carbine	卡宾枪型，枪管长度为 660.4 毫米，伸缩枪托及可拆卸式弹匣供弹
M200 CIV	民用型
M200 RK	

（续表）

名　称	说　明
M310	有单发型和连发型两种型号，枪管长度均为 736.6 毫米
M310 R	连发型
M325	有单发型、连发型和战术型三种型号，枪管长度均为 711.2 毫米

CheyTac M200 狙击步枪

CheyTac M310 狙击步枪（铝合金模块化枪托型）

主要用户

国　　家	单　　位
阿根廷	阿根廷两栖突击队集团
捷克	捷克陆军第 601 特种部队群
希腊	希腊军队特种部队单位
意大利	意大利军队特种部队单位
约旦	约旦陆军 SRR-61 团
韩国	韩国特种部队单位
波兰	波兰军队行动应变及机动组
土耳其	土耳其特种部队司令部
英国	英国陆军特种空勤团
美国	美国海军陆战队特种作战司令部

波兰行动应变及机动组采用的包括 CheyTac M200 在内的多种狙击步枪

波兰行动应变及机动组成员使用 CheyTac M200 狙击步枪

▌▌▌▌▌▷ **实战掠影**

　　2017 年 5 月，一名在伊拉克执行任务的英国陆军特种空勤团狙击手以 CheyTac M200 狙击步枪成功狙杀一名身处 2414.02 米（2640 码）以外的"伊斯兰国"成员。据报道，这名特种空勤团狙击手监视目标长达 4 个小时，因猜测目标人物已经走至隐蔽位置，一度想放弃。该目标人物利用其身在地面的优势躲避射击，不过在天色开始昏暗之时，目标人物松懈下来，移至他认为安全的地方，并将他的步枪举上肩膀。此时，特种空勤团狙击手抓住机会，利用手上的 CheyTac M200 狙击步枪，击中了这名"伊斯兰国"成员，一枪毙命。这次射击是英国陆军特种空勤史上难度最高的一次远程射击，打破了 CheyTac M200 狙击步枪的最远射杀纪录。

装有两脚架的 CheyTac M200 狙击步枪

手持 CheyTac M200 狙击步枪的女兵

狙击手使用 CheyTac M200 狙击步枪观察目标

麦克米兰 TAC-50 狙击步枪

TAC-50 是由美国麦克米兰公司设计并生产的一款狙击步枪，有着较高的精准度和较远的有效射程，目前在多国的特种部队中服役。

排名依据

TAC-50 采用比赛级枪管，有着极高的射击精准度，发射比赛级弹药的精度高达 0.5 角分（MOA）。2002 年，一名加拿大士兵使用 TAC-50 狙击步枪创下了当时最远距离的命中纪录。

研发历程

TAC-50 狙击步枪是由美国麦克米兰兄弟步枪公司于 1980 年推出的反器材步枪。2000 年，加拿大军队将 TAC-50 选为制式武器，并重新命名为"C15 长程狙击武器"。美国海军"海豹"突击队也采用了该枪，命名为 Mk 15 狙击步枪。除此之外，TAC-50 狙击步枪的用户还包括法国海军突击队、格鲁吉亚陆军特种部队、约旦特别侦察团、波兰陆军特种部队、南非警察特别任务队、土耳其陆军山区突击队、以色列特种部队和秘鲁陆军等。

总体设计

　　TAC-50 狙击步枪采用手动旋转后拉式枪机系统，装有比赛级浮置枪管，枪管表面刻有凹槽以减轻重量。枪口装有高效能制动器，以缓冲 12.7 毫米口径的强大后坐力，由可装 5 发子弹的可分离式弹仓供弹。采用麦克米兰玻璃纤维强化塑胶枪托，枪托前端装有两脚架，尾部装有特制橡胶缓冲垫，整个枪托尾部可以拆下方便携带。握把为手枪型，扳机是雷明顿式扳机，扳机扣力为 1.6 千克。

使用 TAC-50 狙击步枪的美国士兵

装备 TAC-50 狙击步枪的美国"海豹"突击队员

⚡ 性能解析

　　TAC-50 的主要用途是作为一种军队及执法部门使用的狙击武器，也是加拿大军队在 2000 年 4 月采用的远距离狙击武器。TAC-50 与突击步枪最重要的区别就是它的远距离有效射程，曾因为射程最远在世界十大狙击步枪中排名第二。

趣闻逸事

　　麦克米兰公司位于美国亚利桑那州凤凰城西克努森大道 1638 号，正式名称为麦克米兰火器公司。该公司原名为美国麦克米兰兄弟步枪公司，后改为现名。

创下最远狙击距离世界纪录的那把 TAC-50 狙击步枪

配用弹药

　　12.7 毫米口径的狙击步枪，一般都是反器材狙击步枪，但是 TAC-50 狙击步枪的精准度极高，所以狙击手经常用它来打击暴露在地面上的敌人。该枪可发射两种弹药，分别为 12.7×99 毫米弹药和 .50 FAT MAC 特种弹药。前一种为普通弹药（也是 M2 重机枪使用的弹药），而后一种为特制改进版弹药，装药量更多，枪口初速更高，可达 1000 米 / 秒以上，且射程更远。

加拿大狙击手隐藏在树丛中使用 TAC-50 狙击步枪

衍生型号

名　　称	说　　明
TAC-50 A1	2012 年定型，有一个新的可拆卸的玻璃纤维前护木
TAC-50 A1-R2	采用了一种新的液压缓冲系统，可以进一步降低射击后坐力
.50 Cal Sporter	民用比赛步枪，采用不同的枪托

主要用户

国　　家	说　　明
加拿大	加拿大军队
法国	法国海军突击队
格鲁吉亚	格鲁吉亚陆军特种部队

（续表）

国　　家	说　　明
以色列	以色列国防军特种部队
约旦	约旦陆军特别侦察团
秘鲁	秘鲁陆军
菲律宾	菲律宾军队
波兰	波兰军队行动应变及机动组
南非	南非警察局特别任务队
土耳其	土耳其陆军山区突击队
乌克兰	乌克兰国民卫队
美国	美国海军"海豹"突击队

肩扛 TAC-50 狙击步枪的加拿大狙击手

实战掠影

2002 年，加拿大军队的罗布·福尔隆下士在阿富汗某山谷上，以 TAC-50 狙击步枪在 2430 米距离击中一名武装 RPK 机枪手，创出当时最远狙击距离的世界纪录，至 2009 年 11 月才被英军狙击手克雷格·哈里森用 L115A3 狙击步枪以 2475 米的距离打破。实际上，罗布·福尔隆第一发未击中，但第二发击中目标的背包，第三发击中躯干。该山谷高度为海拔 2432 米，其较低的空气密度令狙击步枪的有效射程增加。

使用 TAC-50 狙击步枪的加拿大狙击手

2017 年 6 月，加拿大第 2 联合特战部队的一名狙击手以 TAC-50 狙击步枪在 3540 米外的距离击毙一名敌方成员，子弹在空中约花了 10 秒的时间，再度从 L115A3 狙击步枪手中夺回最远狙击距离的世界纪录。

装备 TAC-50 狙击步枪的双人狙击小组

加拿大狙击手使用 TAC-50 狙击步枪进行射击训练

AWM 狙击步枪

AWM（M 表示 Magnum）狙击步枪是精密国际公司针对狩猎竞技者的需求，在 AW 狙击步枪的基础上推出的产品，后因其良好性能被军事单位采用。

排名依据

作为创下远程狙击世界纪录的狙击步枪，再加上其强大的动能，AWM 狙击步枪在特种部队中深受喜爱。

研发历程

PM/L96 狙击步枪装备部队后，精密国际公司仍根据英军提出的要求继续改进，最终在 1990 年停止生产 PM/L96，转而生产新的改进型——AW 狙击步枪。

英国采用 AW 狙击步枪后，将其重新命名为 L96A1，AW 狙击步枪原本只有 7.62 毫米 NATO 口径型，后来精密国际公司以 AW 狙击步枪为基础，陆续推出了一系列不同类型的狙击步枪，马格南型 AWM 狙击步枪即是其中一种。

AWM-F（枪托折叠）型狙击步枪

在战场上使用 AWM 狙击步枪的英军士兵

总体设计

　　由于 AWM 狙击步枪使用的马格南子弹弹壳的直径比原来的 7.62×51 毫米弹径大，为不改变弹匣宽度和底座的相关尺寸，AWM 的弹匣容量只有单排 5 发。弹匣宽 16 毫米、高 101 毫米，从理论上讲可以装 6 发。不过这样只有在枪机呈开启状态时弹匣才能完全插入，如果枪机处于闭锁位置，只有装 5 发弹的弹匣才能插入到位。AWM 的后托上有 1 个后脚架，可由螺纹调节高低，不过由于螺纹相当精细，调节过程很费时。

使用 AWM 狙击步枪的狙击手（中）

伪装的士兵与 AWM 狙击步枪

性能解析

AWM 狙击步枪使用的马格南步枪弹大大增加了枪口初速和动能，因此在较远距离上的终点能量也较高，此外它的精度也优于普通的马格南步枪弹，抗风偏能力也十分优秀。AWM 狙击步枪的全枪重量、后坐力、枪口焰、射击噪声等方面都较低，其使用的马格南步枪弹在距离超过 1300 米时仍有极强的杀伤力，因此十分适合特种部队执行任务。

趣 闻 逸 事

在 2012 年第一人称射击游戏《战争前线》中，AWM 狙击步枪为狙击手专用武器，拥有橄榄色枪身，使用 5 发弹匣供弹，未安装双脚架，枪身前端加装一小段战术导轨用于加装外挂部件。中国大陆服务器为专家解锁武器，可以改装枪口配件、战术导轨配件以及瞄准镜；欧美与俄罗斯服务器为抽奖武器，也可以改装枪口配件、战术导轨配件以及瞄准镜。

配用弹药

AWM 狙击步枪的弹药为北约成员国所使用的 .300 温彻斯特 - 马格南和 .338 拉普 - 马格南步枪弹。.300 温彻斯特 - 马格南步枪弹（7.62×67 毫米）具有较大的枪口初速和动能，在较远距离上的终点能量也较高。此外，它的精度也优于普通的 .308 温彻斯特步枪弹，而只是比最好的比赛级 .308 温彻斯特步枪弹稍逊一筹，但是抗风偏能力和杀伤距离较远。

.338 拉普－马格南步枪弹（8.6×70 毫米）采用 250 格令船形尾弹头，在超过 1200 米时速度下降不多，在 1000 米处的动能仍有 1770 焦，超过 1300 米仍有很不错的杀伤能力，因此 .338 拉普－马格南步枪弹比 .308 温彻斯特步枪弹有更大的威力和更远的射程。而与大多数 .50 BMG 口径步枪相比，.338 拉普－马格南步枪在全枪重量、后坐力、枪口焰、硝烟和枪声等方面都较低，虽然 .338 拉普－马格南步枪弹的终点能量较 .50 BMG 机枪弹小，但两者的弹道性能、抗风偏能力和侵彻能力相近，而且比 .50 BMG 机枪弹有更好的射击精度，所以 .338 拉普－马格南步枪弹比 .308 温彻斯特步枪弹更适合远射程上的精确射击。

.300 温彻斯特－马格南步枪弹

简单拆解后的 AWM 狙击步枪

◆ 衍生型号

名　称	说　　明
AWM	配用 .300 温彻斯特 - 马格南步枪弹
AWSM	非官方命名，配用 .338 拉普 - 马格南步枪弹的 AWM 狙击步枪，英军编号为 L115A1
AWM-F	配有折叠枪托，这使得士兵可将其装在背包中携带，英军编号为 L115A3

手持 AWM 狙击步枪的英国陆军狙击手

配有折叠枪托的 AWM-F 狙击步枪

主要用户

国　家	说　明
英国	英国陆军、海军陆战队
德国	德国联邦国防军
美国	美国陆军
荷兰	荷兰陆军（包括特种部队）、空军（第11机动团）、海军陆战队
挪威	挪威陆军特种部队、海军特种部队
俄罗斯	"阿尔法"特种部队
韩国	特种部队单位
葡萄牙	葡萄牙陆军
波兰	波兰军队行动应变及机动组
马来西亚	马来西亚特种警察部队

使用 AWM 狙击步枪的英国海军陆战队士兵

实战掠影

2009 年 11 月，英国陆军狙击手克雷格·哈里森在阿富汗南部赫尔曼德省穆萨堡山区使用一支 AWM-F 狙击步枪（AWM 狙击步枪的折叠枪托型）在 2475 米的距离外成功射杀了两名塔利班武装人员，创下世界远程狙击的新纪录。

装有两脚架的 AWM 狙击步枪

巴雷特 M82 狙击步枪

M82 狙击步枪是美国巴雷特公司研制的重型特殊用途狙击步枪（SASR），主要有 M82A1、M82A2 和 M82A3 三种型号。

排名依据

M82 狙击步枪是美军唯一的"特殊用途的狙击步枪"。可用于反器材攻击和引爆弹药库。它具有超过 1500 米的有效射程，甚至有过 2500 米的命中纪录。M82 狙击步枪几乎在主要西方国家的军队都有使用，包括美军特种部队。

研发历程

M82 狙击步枪源自朗尼·巴雷特建立的使用 12.7×99 毫米 NATO（.50 BMG）口径弹药的半自动狙击步枪方案。该口径弹药原本为勃朗宁 M2HB 重机枪所用。M82 狙击步枪于 20 世纪 80 年代早期开始研发，1982 年造出第一把样枪并命名。1986 年，巴雷特研发出 M82A1。1987 年，更先进的 M82A2 无托式步枪研发成功。M82 系列最新的产品是 M82A1M，被美国海军陆战队大量装备并命名为 M82A3 SASR。

装有两脚架和光学瞄准镜的 M82 狙击步枪

M82 狙击步枪试射

M82 狙击步枪 2 人狙击小组

M82 狙击步枪上方视角

总体设计

　　美军昵称 M82 狙击步枪为"轻 50"，是因为其使用勃朗宁 M2 重机枪的大口径 12.7×99 毫米 NATO 子弹药，所以威力巨大。M82 可以迅速地分解成上机匣、下机匣及枪机框 3 部分。分解销位于机匣右侧，一个在弹匣前方，另一个在枪托底板附近。上、下机匣是主要部分，为了保证其强度及耐磨性而选用了高碳钢材料。下机匣连接两脚架、枪手底板及握把，其内部包括枪机部件及主要的弹簧装置。

美军士兵在山区使用 M82 狙击步枪

狙击手使用 M82 狙击步枪执行作战任务

性能解析

M82 狙击步枪的超高动能搭配高能弹药，可以有效摧毁雷达站、卡车、战斗机（停放状态）等战略物资，因此也称为"反器材步枪"。

由于 M82 狙击步枪可以打穿许多墙壁，因此也被用来攻击躲在掩体后的人员，不过这并不是主要用途。除了军队以外，美国很多执法机关也钟爱此枪，包括纽约警察局，因为它可以迅速拦截车辆，一发子弹就能打坏汽车引擎，也能很快打穿砖墙和水泥，适合城市战斗。美国海岸警卫队还使用 M82 狙击步枪进行反毒作战，有效打击了海岸附近的高速运毒小艇。

趣 闻 逸 事

M82 狙击步枪曾出现在许多电影和电视剧里，如《第一滴血 4》《狙击精英：重装上阵》《拆弹部队》《迈阿密风云》和《犯罪现场调查：纽约》等。值得一提的是，大多数电影对其性能都有所夸大，有的甚至说它能打下客机。实际上 M82 狙击步枪只能打中停放的飞机，只有超乎常人的狙击手才有可能在 10 发弹匣内打落（在射程内）高速飞行的飞机。

在直升机上使用 M82 狙击步枪的狙击手

在电脑游戏中，M82 狙击步枪同样频繁出现。如在网络游戏《穿越火线》中，M82A1 的威力最大，是该游戏中唯一能在穿过木门或箱子后无须击中头部却依然能一击毙命的枪支。此外，《三角洲特种部队》《美国陆军》《潜龙谍影》《战地》和《使命召唤》等电子游戏中都曾出现 M82 狙击步枪。

▌▌▌▶ ★ 配用弹药

M82 系列狙击步枪的标准弹药为 M33 型普通弹，弹头重 45.8 克，编号 STD - OTCM 36841，无识别色。弹壳内装 15.23 克 WC 860 型双基发射药，膛压 379 兆帕，在 500 米可以击穿 8 毫米厚的钢板，在 1200 米可以击穿 4 毫米厚的钢板，用于对付无防护的人体目标。M82 系列狙击步枪早期一直使用这种子弹用于远距离狙击。M33 型普通弹的弹尖部装有约 0.8 克的一水合碳酸钠，一水合碳酸钠为白色粉末，熔点高达 851℃，性能稳定，弹头击中目标后，弹头破裂，释放出白色粉末形成烟雾，便于狙击手观察弹着点，进而修正弹道。相比而言，曳光弹要燃烧曳光剂，飞行过程中重量不断减轻，弹道性能不稳定，跟普通弹的弹道存在差异，增加了瞄准镜的修正难度。这种使用烟雾标示弹着点的办法，精度更高。

M82 狙击步枪的弹匣

除 M33 型普通弹外，M82 系列狙击步枪常用的弹药还有 M8 穿甲燃烧弹、M17 曳光弹、M20 APIT 穿甲燃烧曳光弹、NM173 AP-S 穿甲弹、Mk 211 Mod 0 API 穿甲燃烧弹、M1022 远程狙击弹、M903 SLAP 脱壳穿甲弹等。

M82 狙击步枪的枪托

衍生型号

名 称	说 明
M82	基本型，12.7×99 毫米半自动狙击步枪，圆柱箭头形枪口制退器
M82A1	枪口制退器改为双膛 V 形（箭头形）
M82A1A	主要用于发射 Mk 211 Mod 0 型 .50 口径子弹
M82A1M	改良版，加长战术轨系统、后方滑轨和固定转轴插口
M82A2	半自动无托结构狙击步枪，一种扛在肩上的重型狙击步枪
M82A3	依照 M82A1M 规格设计的新产品，加长战术轨系统，没有后方滑轨和固定转轴插口
M107	美军对 M82 狙击步枪的正式命名，配备 Leupold 4.5×14 Vari-X 瞄准镜
M107A1	减轻重量，改用一个新的圆柱形钛合金枪口制动器、钛合金枪管钥匙及后坐缓冲系统
M107CQ	一种商业性质的产品，枪管缩短，适合作直升机和船舰防卫、侦察和都市近战等用途

M82A1 狙击步枪

M107A1 狙击步枪

主要用户

国　家	说　明
美国	美国军队、警察、联邦调查局人质拯救队
英国	英国军队
韩国	韩国特种部队单位
波兰	波兰军队行动应变及机动组
巴基斯坦	巴基斯坦陆军特勤组
马来西亚	马来西亚军队特种部队单位
意大利	意大利军队特种部队单位
希腊	希腊军队特种部队单位、海军陆战队
芬兰	芬兰国防军
捷克	捷克陆军特种部队单位
阿尔巴尼亚	阿尔巴尼亚陆军特种部队营
比利时	比利时国防军

装备 M82 狙击步枪的美国陆军特种兵

美国陆军士兵试射 M82 狙击步枪

2012 年 12 月 29 日，澳大利亚第二特种突击团的两名狙击手在阿富汗乌鲁兹甘省使用 M82A1 狙击步枪从 2815 米的距离射杀了 1 名塔利班指挥官，同时也刷新了英国狙击手克雷格·哈里森在 2009 年 11 月创下的 2475 米长距离狙击纪录。不过无法确认到底是谁射出的子弹命中的目标，因为当时是两人两枪同时开火，结果只有一枪命中。

装备 M82 狙击步枪的美军狙击手

Chapter 03
特种枪械

特种部队之所以被称为特种部队，除了其战斗力普遍高于普通部队外，其使用的装备性能也比普通部队的高。特种部队不仅会装备普通部队使用的武器，还会装备一些独具特色的武器装备。例如，会转弯的"墙角枪"、发射"电飞镖"的泰瑟手枪，以及在水下使用的 SPP-1 手枪等，这些武器能满足特种部队不同的任务需求，并起到出其不意的作用。

 整体展示

 衍生型号、服役时间和生产厂商

TOP5　SPP-1 手枪	
衍生型号	SPP-1M
服役时间	1971 年至今
生产厂商	俄罗斯中央精密机械工程研究院，总部位于莫斯科

TOP4　BB 手枪	
衍生型号	暂无
服役时间	1900 年至今
生产厂商	智盛科技有限公司成立于 1888 年，最初是生产风车的企业，后来开始生产 BB 手枪从而开始制造其他空气气枪

TOP3　泰瑟手枪	
衍生型号	M26、X26、C2、X2、X3
服役时间	1993 年至今
生产厂商	泰瑟公司成立于 1993 年，创始人为史密斯兄弟，最初名为艾尔泰瑟公司，1993 年更名为泰瑟国际公司

TOP2　APS 水下突击步枪	
衍生型号	APS-95
服役时间	1975 年至今
生产厂商	伊兹玛什（现为卡拉什尼科夫集团）工厂是苏联的一家武器制造工厂，总部位于萨拉普尔

TOP1 "墙角枪"	
衍生型号	手枪型、步枪型（突击步枪或卡宾枪）、榴弹发射器型（所有 40 毫米榴弹发射器）、反坦克火箭型
服役时间	2005 年至今
生产厂商	以色列墙角射击公司

武器尺寸

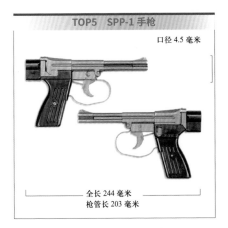

TOP5   SPP-1 手枪

口径 4.5 毫米

全长 244 毫米
枪管长 203 毫米

TOP4   BB 手枪

口径 4.5 毫米

全长 173 毫米
枪管长 93 毫米

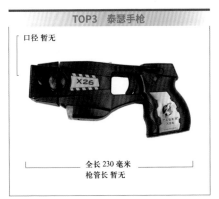

TOP3   泰瑟手枪

口径 暂无

全长 230 毫米
枪管长 暂无

TOP2   APS 水下突击步枪

口径 5.66 毫米

全长 823 毫米
枪管长 300 毫米

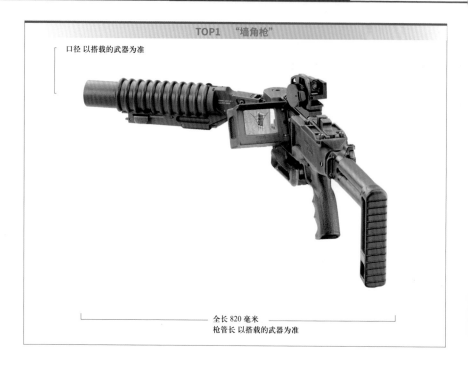

TOP1 "墙角枪"

口径 以搭载的武器为准

全长 820 毫米
枪管长 以搭载的武器为准

基本作战性能数据对比

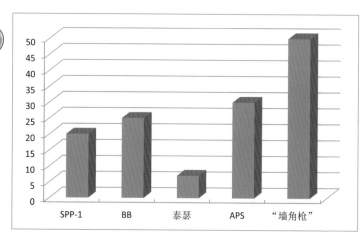

有效射程对比图（单位：米）

SPP-1 手枪

SPP-1 是苏联海军为了在与敌方战斗蛙人对阵时有更大的战术优势，于 20 世纪 60 年代后期要求中央精密机械研究所研制的水下手枪。

排名依据
SPP-1 手枪根据流体力学而设计，其在水下的战斗力能媲美普通手枪在水面上的性能，大大提高了特种部队战斗蛙人的水下自卫能力。

研发历程

为更好地与敌方战斗蛙人水下作战，苏联于 20 世纪 60 年代后期要求中央精密机械研究所研发一款适用于水下战斗的手枪。20 世纪 60 年代末，中央精密机械研究所成功研制出 SPP-1 手枪，1971 年便被苏联军队采用。

不完全拆解 SPP-1 手枪

SPP-1 手枪右侧方特写

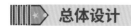 **总体设计**

SPP-1 手枪有 4 根枪管，每根枪管各自装 1 发子弹，弹匣位于枪管后部，仅 4 发弹容量。SPP-1 手枪的枪管没有膛线，发射的子弹是根据流体力学而设计的，所以该枪在陆地上射击时，就会变得不准确。每扣动一次扳机，双动操作击发机构就会按顺序发射子弹，当射完全部子弹后，可在水下或水上重新装填。

性能解析

SPP-1 手枪使用专门的、具有又长又细的箭形弹头的 SPS 水下弹药。其弹头弹径 4.5 毫米，长 115 毫米，全弹长 145 毫米，重 17.5 克。这种箭形弹的弹尖顶端是平的，它通过滑膛枪管发射，依靠流体力学来稳定，而由于发射药的爆发力比压缩空气大，因此 SPP-1 手枪在水下的有效射程和穿透力比传统潜水员使用的梭镖更有用。SPP-1 手枪发射的子弹在其有效射程内，可以轻易地穿透保暖潜水衣或 5 毫米厚的塑料面罩，对潜水员造成重创。这种箭形弹在空气中的飞行不太稳定，因此在水面上只能应急使用。

展览馆里的 SPP-1 手枪

趣闻逸事

　　SPP-1 手枪于 1971 年装备给苏联海军的战斗蛙人部队，后来经过改进，重新定型为 SPP-1M。目前，SPP-1M 仍然被俄罗斯海军特种部队装备，并通过俄罗斯政府控制的军事销售组织出口到其他国家。

BB 手枪

BB 手枪是一种以气体为动力，以塑料、铜或铝为子弹的非致命性武器。

排名依据

　　BB 手枪是一种以气体为动力的非致命性武器，它能够在不造成伤害的同时，快速使敌人丧失战斗力，在执法机关和特种部队中深受喜爱。

研发历程

　　1900 年，黛西公司早期生产 BB 手枪，其枪口直径为 4.4 毫米。他们最初生产的 BB 手枪弹主要为金属小球，后来衍生出多种口径，并能使用多种材料的子弹，包括塑料、铅和钢丸。

BB 手枪使用的金属弹

总体设计

BB 手枪的原理与火器非常相似，不过没有爆炸。其膨胀物质是普通空气、二氧化碳或其他气体。在发射前，它将对气体进行压缩，以增加其密度，从而获得比外部环境更高的气压。在扣动扳机前，压缩气体存储在密闭容器中。扣动扳机后，将打开气体容器，气体将随之流入 BB 手枪的枪管中。由于气体经过压缩，推力较大，从而将 BB 弹高速推出枪膛。

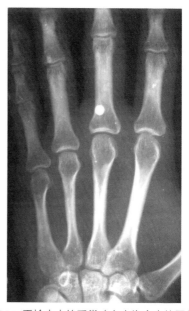

被 BB 手枪击中的手掌（白点为命中位置）

性能解析

BB 手枪的塑料子弹能迅速地让身体的一小片区域感到疼痛，这样对手就不得不妥协。除了能制造疼痛的塑料小球，这种枪还能发射更致命的铝弹，不过它们是为了击碎汽车和建筑的玻璃而设计的。

泰瑟手枪

泰瑟手枪是由美国泰瑟公司制造的一种非致命性电击枪。

排名依据
泰瑟手枪作为一种非致命性武器，既能够让敌手瞬间丧失战斗力，又能确保对其不造成永久性伤害，因此泰瑟手枪不仅在执法机构中得以广泛使用，在特种部队中也被采用。

研发历程

现代意义的泰瑟电击枪实际上是从 M26 电击枪开始的。1998 年，公司开始了一个研制项目，是为警察研制一种更具威力的高能电击枪，随时能够制服那些一时神志失常、极具危险性的暴力分子。1999 年，经过几次大规模的演示活动后，人们发现 M26 在设计和功能上远比老式泰瑟手枪先进，而且可靠。在制止俄勒冈州国家监狱暴动行动中，M26 电击枪的表现很出色，发挥了重要作用，赢得了狱警的广泛赞誉，从此 M26 电击枪在美国大范围推广。但 M26 电击枪存在体积和重量过大等问题，后经过不断改进，推出 X26、C2、X2、X3 等型号的泰瑟手枪。

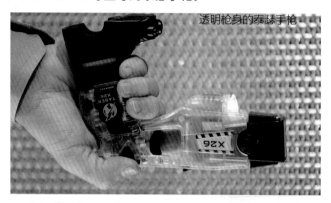

透明枪身的泰瑟手枪

总体设计

　　泰瑟手枪没有子弹，它是靠发射带电"飞镖"来制服目标的。它的外形与普通手枪十分相似，里面有一个充满氮气的气压弹匣。扣动扳机后，弹匣中的高压氮气迅速释放，将枪膛中的 2 个电极发射出来。2 个电极就像 2 个"飞镖"，它们前面有倒钩，后面连着细绝缘铜线，命中目标后，倒钩可以钩住对方的衣服，枪膛中的电池则通过绝缘铜线释放高压，令对方浑身肌肉痉挛，丧失战斗力。

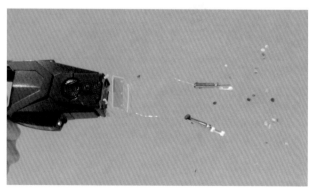

泰瑟手枪"飞镖"飞出瞬间

为了防止滥用泰瑟手枪，泰瑟手枪在设计时还增加了记录功能，使用者在扣动扳机后，枪膛后面会弹出许多小纸屑，这些纸屑上印有该枪的唯一序列号，调查人员可以通过这些纸屑很容易地查到使用者。此外，泰瑟手枪内还有一个微型芯片，专门记录每次射击的日期和时间。

泰瑟手枪射击画面

▌▌▌▶ 性能解析

泰瑟手枪的最大射程为 7 米，其"飞镖"的速度为 60 米 / 秒，它可以隔着 5 厘米厚的衣服放电，并能在 5 秒内进行多次放电，每次放电持续时间为 1/1000000 秒。被泰瑟手枪攻击后的目标会因"电休克"导致神经系统暂时受损而丧失战斗力，但不会造成死亡和永久性的身体创伤。

趣 闻 逸 事

虽然泰瑟手枪发射的"飞镖"对常人来说不足以致命，但仍有因其而造成死亡的记录。2012 年 3 月，一名巴西留学生在澳大利亚的一家商店里偷饼干，在被 5 名警察追捕的过程中，留学生遭到泰瑟手枪和胡椒喷雾的袭击后死亡。这也引发了许多人对泰瑟手枪的担忧。

APS 水下突击步枪

APS 水下突击步枪是苏联于 20 世纪 70 年代研制的一种水下枪械。于 1975 年被苏联军方正式采用。

排名依据

APS 水下突击步枪拥有比普通渔枪更远的射程和更高的贯穿力，其在水下的性能十分适合战斗蛙人，该枪被俄罗斯特种部队大量装备。

研发历程

随着蛙人对海军基地的威胁逐步上升，各种反蛙人战术与武器被研发出来。当时苏联军方会派出战斗蛙人去防止袭击，最初每名战斗蛙人的标准装备为 1 把刀与 1 支 AK-47 突击步枪，但他们的步枪只能在水面上使用，这导致其在水底使用的武器只有 1 把刀。

后来苏联采用了 SPP-1 手枪，但其射程导致其仅能近距离防身，无法攻击更远距离的目标。后来在 20 世纪 70 年代，APS 水下突击步枪被研制出来，于 1975 年被正式采用，并使用至今。

装备 APS 水下突击步枪的俄罗斯蛙人

总体设计

APS 水下突击步枪的机匣左侧有 1 个快慢机，可以选择半自动或全自动射击，其枪托采用向下折叠式设计，这样更便于携带。由于普通子弹在水底的射程和精度非常有限，所以 APS 水下突击步枪发射的是一种特制的 5.66 毫米口径的箭形弹，该子弹长 120 毫米。它的弹匣由聚合物制成，弹容量为 26 发。由于其发射的子弹是依流体力学的效应来稳定弹道的，所以枪管并没有膛线。

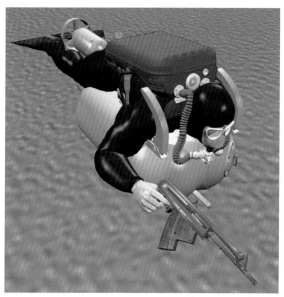

APS 水下突击步枪水下行动示意图

性能解析

APS 水下突击步枪并不适合在水面上使用，那样不仅会令精度下降，还会降低使用寿命。APS 水下突击步枪比起渔枪有着更远的射程和更高的贯穿力，因此能够有效对付穿戴增强潜水衣和防护头盔的敌人，同时还能穿透水下呼吸器材和一些小型水下载具的塑胶外壳。APS 水下突击步枪在水下比部分手枪在水面上有着更强的杀伤力，但同时也因其笨重的枪身而需要较长的时间进行瞄准，特别是在水中摆动的时候。

趣 闻 逸 事

　　在游戏《决胜时刻：魅影》中，APS 水下突击步枪只在剧情模式中出现，游戏中装有瞄准镜，而且弹容量为 30 发，被美国精锐部队"魅影"和其敌军"联邦"在水底交战时所使用。

"墙角枪"

　　"墙角枪"是一种应用于巷战的特殊武器，由以色列墙角射击公司设计。使用者可利用彩色视频监控器，通过瞄准摄像头，从墙角观测另一侧的敌情。

排名依据

　　"墙角枪"独特的枪身采用可转弯设计，让人过目不忘。它不仅设计新颖，其实用价值也非常高，目前已被多国部队采用。

研发历程

　　早在两次世界大战期间就已经有了"墙角枪"的想法，一战时的澳大利亚军队、二战时的纳粹德国都制作过类似的组件（纳粹德国制作的组件为 StG44 突击步枪专用）。但受限于当时的科学技术和生产力，一直未能成功制造出实用的"墙角枪"。直至 2005 年，阿莫斯·戈兰和阿萨夫·纳德尔成功设计出"墙角枪",并成立了以色列墙角射击公司进行生产。

使用"墙角枪"的战斗蛙人

"墙角枪"实战演示

▶ 总体设计

　　"墙角枪"使射击者在墙角一侧无须暴露自己就能向另一侧射击，让拐角成为对自己有利的地形。"墙角枪"由两部分组成，前半部分包括1把手枪和1个彩色摄像头，后半部分包括枪托、扳机和监视器。两部分通过一个设计巧妙的折页装置连接，因此前半部分既能向左转，也可向右转。枪手用一面墙挡住自己的身体，把枪伸出去，就能通过监视器观察敌情。

　　"墙角枪"的有效射程为 200 米，其彩色摄像头拆装方便，还可以选择不同的镜头；监视器有十字瞄准指示，便于枪手精确瞄准。此外，它还有军用光源、红外线激光指示器、消声器、灭焰器等多种配置。

装载格洛克 17 手枪的"墙角枪"

性能解析

"墙角枪"设计合理，操作比较简单，一般射手稍加训练便能掌握拐弯射击要领，熟练射手 1 秒内就能连续完成拐弯、瞄准、射击等动作，并命中 10 米处的目标。该枪射击部分使用手枪，既能减小后坐力保证精度，又满足了城市作战近距离射击的战术要求。"墙角枪"的标准型配置一般是不同口径的半自动手枪，如伯莱塔 92 系列、格洛克系列等。

在训练中使用墙角枪的特种兵

趣闻逸事

　　在电影《刺客联盟》中，"墙角枪"被火狐在超市与克洛斯交火时所使用。电影《敢死队 3》中，"墙角枪"被"火星"所使用，装上的枪械为 M4A1。

使用"墙角枪"进行训练的特战队员

Chapter 04

特战爆破武器

特战队员作战时，除了需要装备各类枪械外，还需要装备用于火力支援与提高火力的单兵爆破武器，这其中包括火箭筒、单兵反坦克导弹及榴弹发射器等。这些武器具有便于携带、火力强、性能可靠等特点，是特战队员十分喜爱的武器装备之一。

整体展示

⬤ 衍生型号、服役时间和生产厂商

TOP8 M203 榴弹发射器	
衍生型号	M203A1、M203A2、M203 PI
服役时间	1969 年至今
生产厂商	柯尔特是美国著名的枪械生产厂商，于 1855 年成立，总部位于康涅狄格州

TOP7 Mk 13 Mod 0 榴弹发射器	
衍生型号	FN F2000 下挂型、Mk 16 Mod 0、Mk 17 Mod 0
服役时间	2000 年至今
生产厂商	FN 公司一般称为"Fabrique Nationale"，简称 FN 公司，其没有正式的中文译名，字面直译为"赫斯塔尔国营工厂"。FN 是比利时的一家枪械研制与生产公司，主要研制各类枪械与子弹

TOP6 "斗牛士"火箭筒	
衍生型号	MATADOR-MP、MATADOR-WB、MATADOR-AS
服役时间	2000 年至今
生产厂商	狄那米特·诺贝尔炸药公司

TOP5 FGM-148"标枪"反坦克导弹	
衍生型号	暂无
服役时间	1996 年至今

（续表）

TOP5 　FGM-148 "标枪" 反坦克导弹	
生产厂商	雷神公司是美国的一家大型国防合约商，总部位于马萨诸塞州的沃尔瑟姆。洛克希德·马丁公司是美国的一家航空航天制造厂商，于 1995 年由洛克希德公司与马丁·玛丽埃塔公司合并而成

TOP4 　HK AG36 榴弹发射器	
衍生型号	AG36A1
服役时间	2002 年至今
生产厂商	黑克勒·科赫（HK）是德国的一家枪械制造公司，总部位于巴登·符登堡邦的内卡河畔奥伯恩多夫，在美国也有分部

TOP3 　GL-06 榴弹发射器	
衍生型号	LL-06
服役时间	2008 年至今
生产厂商	布鲁加·托梅公司（缩写为 B&T）是瑞士的一家专门制造武器和战术配件的公司。该公司成立于 1991 年，总部位于图恩湖

TOP2 　AT-4 反坦克火箭筒	
衍生型号	AT-4CS
服役时间	1987 年至今
生产厂商	绅宝波佛斯动力公司是瑞典的一家军品公司。该公司成立于 1873 年，总部位于瑞典卡尔斯库加

TOP1 　FIM-92 便携式防空导弹	
衍生型号	FIM-92A、FIM-92B、FIM-92C、FIM-92D、FIM-92G
服役时间	1981 年至今
生产厂商	雷神公司是美国的一家大型国防合约商，总部位于马萨诸塞州的沃尔瑟姆

武器尺寸

TOP8　M203 榴弹发射器

口径 40 毫米

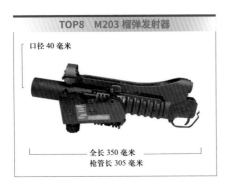

全长 350 毫米
枪管长 305 毫米

TOP7　Mk 13 Mod 0 榴弹发射器

口径 65 毫米

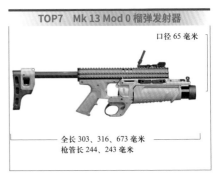

全长 303、316、673 毫米
枪管长 244、243 毫米

TOP6　"斗牛士"火箭筒

口径 90 毫米

全长 1000 毫米

TOP5　FGM-148 "标枪"反坦克导弹

口径 130 毫米

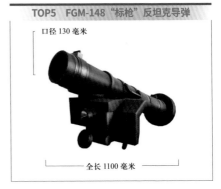

全长 1100 毫米

TOP4　HK AG36 榴弹发射器

口径 40 毫米

全长 350 毫米
枪管长 280 毫米

TOP3　GL-06 榴弹发射器

口径 40 毫米

全长 590 毫米
枪管长 280 毫米

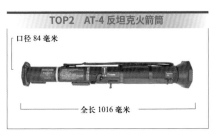

TOP2　AT-4 反坦克火箭筒

口径 84 毫米

全长 1016 毫米

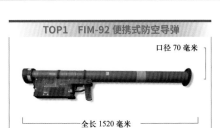

TOP1　FIM-92 便携式防空导弹

口径 70 毫米

全长 1520 毫米

 # 基本作战性能数据对比

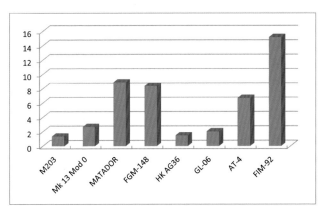

特战爆破武器重量对比图（单位：千克）

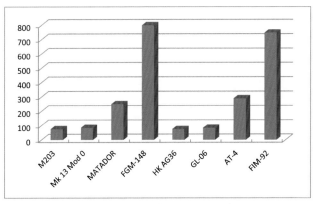

枪口初速对比图（单位：米 / 秒）

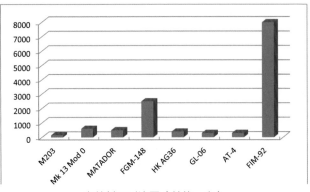

有效射程对比图（单位：米）

M203 榴弹发射器

M203 榴弹发射器是美国研制的单发下挂式榴弹发射器，主要对应 M16 突击步枪及 M4 卡宾枪，其衍生型可对应其他多种步枪，也可装上手枪握把及枪托独立使用。

排名依据

M203 榴弹发射器使士兵的榴弹发射器与步枪结合，以单一武器发射子弹及榴弹，在增强其战斗力的同时，降低了士兵的装备重量。

研发历程

1967 年 7 月，美国陆军武器研究部门宣布了一项名为"榴弹发射器附件研究"（GLAD）的研究计划，明确要求研发一种代替 XM148 的榴弹发射器。经过对比试验后，美国陆军于 1968 年 11 月决定试用 AAI 公司的榴弹发射器，并命名为 XM203。经过少量改进后，XM203 于 1970 年 8 月被正式命名为 M203。之后，M203 榴弹发射器开始装备美军部队，彻底取代 M79 榴弹发射器及 XM148 榴弹发射器。

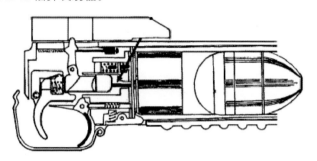

M203 榴弹发射器结构图

M203 榴弹发射器及其使用弹药

美国陆军士兵使用 M203 榴弹发射器

总体设计

M203 榴弹发射器下挂在步枪的护木下方，发射时用弹匣充当握把，发射器的扳机在步枪弹匣前面，其主体结构分为装填弹药的滑动枪管及后方的射击结构，附有可分离式的象限测距瞄准具及立式标尺。装填弹药时，先按下枪管锁钮让枪管前进，便可从枪管后方装填弹药，一旦让枪管恢复原位，撞针便会进入待发模式，之后瞄准并扣下扳机，即可发射榴弹。

装在 M16 突击步枪上的 M203 榴弹发射器

性能解析

M203 榴弹发射器可发射高爆弹、人员杀伤弹、烟幕弹、鹿弹、照明弹、气体弹及训练弹，在发射 40×46 毫米榴弹时，有效射程为 150 米，最大射程为 400 米。

使用 M203 榴弹发射器的 "海豹" 突击队员

装有 M203 榴弹发射器的 M4 卡宾枪

趣闻逸事

在电影《魔鬼终结者：未来救赎》中，M203 出现了单独使用型与枪管下挂型，前者被约翰·康纳和凯尔·里斯所使用，后者下挂于人类抵抗军的 M4 卡宾枪下。M203 榴弹发射器还被安装在 T-600 的手部作为攻击武器。

7 TOP | Mk 13 Mod 0 榴弹发射器

Mk 13 Mod 0（或称 FN EGLM）榴弹发射器是比利时国营赫斯塔尔公司为 FN SCAR 突击步枪配套研制的单发下挂式榴弹发射器，也可通过增加手枪握把及枪托配件改装成一个独立的肩射型榴弹发射器，发射 40×46 毫米的低速榴弹。

排名依据

　　Mk 13 Mod 0 是一个多功能的榴弹发射器，既可以下挂于枪械下使用，还可以装上枪托单独使用。

研发历程

　　1995 年，赫斯塔尔公司推出采用模块化设计的 FN F2000 步枪，其枪管下方可以加装 GL1 下挂式榴弹发射器模块，颜色及外观设计与 FN F2000 步枪融为一体。2004 年，赫斯塔尔公司研制的 FN SCAR 步枪也采用模块化设计，并加装下挂式榴弹发射器组件，这个榴弹发射器正是以 GL1 为蓝本改进而成的，FN 公司内部命名为"增强型榴弹发射器组件"（EGLM），对外称为 FN 40GL。美军将 FN SCAR 正式定型为 Mk 16/Mk 17 后，FN 40GL 也被定型为 Mk 13 Mod 0。

Mk 13 Mod 0 榴弹发射器及其弹药

总体设计

Mk 13 Mod 0 榴弹发射器使用铝、聚合物和复合材料制成，而且其膛室后部可以向一侧打开，以便使用延长型 40 毫米榴弹。

Mk 13 Mod 0 榴弹发射器下挂于步枪下使用时，通过机匣顶部的导轨凹槽连接在步枪护木底部的战术导轨上，并且以其机匣右侧的 2 个锁定杆固定，而无须专门的安装硬件或安装在步枪的其他位置。

美国陆军特种兵使用 Mk 13 Mod 0 榴弹发射器

性能解析

Mk 13 Mod 0 榴弹发射器由机匣、枪管、纯双动操作扳机座组成。其军用标准的坚硬铝合金制造的枪管表面具有哑光黑的耐腐蚀处理，因此具有高耐用性和重量轻等优势。枪管采用侧摆式中折式装填结构，枪管尾端可向左侧或右侧摆动，以打开膛室进行装弹或退壳操作，无论何种射击姿势或射击位置都可以灵活操作。

装在 FN SCAR 突击步枪上的 Mk 13 Mod 0 榴弹发射器

与德国 HK 公司的 HK AG36、AG-C/EGLM 及 M320 榴弹发射器枪管尾端只能向左侧摆动的结构相比，Mk 13 Mod 0 榴弹发射器的膛室打开方式更方便。

趣闻逸事

在电影《速度与激情6》中，Mk 13 Mod 0 榴弹发射器下挂于吉赛尔·耶莎的 FN SCAR-L 突击步枪上使用。在电影《美国队长2》中，出现的型号为独立使用型，可从枪管与框架的间隙发射盘形弹，被"冬兵"所使用。

"斗牛士"火箭筒

MATADOR（是 Man-portable Anti-Tank Anti-DooR 的简称，意为便携式火箭筒，以下简称"斗牛士"）是由新加坡和以色列（德国参与了生产）联合开发的一款火箭筒，是同类产品中最轻巧的一款，目前仍在多国军队中服役。

排名依据

"斗牛士"火箭筒是同类产品中最轻巧、具有反装甲和破墙功能的反坦克武器，目前仍在多国军队中服役。

研发历程

20 世纪末，新加坡军队也装备了火箭筒，不过是仿造的德国"十字弓"火箭筒（由新加坡特许工业公司生产）。1999 年，新加坡军方为了取代"十字弓"火箭筒，开始寻求更加便携、威力更大、更适用的火箭筒。在生产"十字弓"火箭筒期间，新加坡特许工业公司总结了许多经验，并分享给新加坡共和国武装部队。后者利用这些经验和自己的技术设计出了"斗牛士"火箭筒，之后交与狄那米特—诺贝尔炸药公司生产。

斗牛士 -WB 型（上）及斗牛士 -AS 型（下）

士兵正在使用"斗牛士"火箭筒

"斗牛士"火箭筒采用肩扛射击

总体设计

"斗牛士"火箭筒可以使用具有反战车高爆弹头（HEAT）和高爆黏着榴弹（HESH）的两用弹头，分别可以破坏装甲和墙壁、碉堡及其他防御工事。弹头选择是通过其"探针"型装置（最有可能是保险丝延长器），延长探针型装置就会变成反战车高爆弹头模式，而缩短探针型装置就会变成高爆黏着榴弹模式。

"斗牛士"火箭筒发射的串联弹头高爆反坦克火箭弹，采用了具有延迟引信的机械装置，能够在双层砖墙上炸出一个直径大于 450 毫米的缺口，因此可作为对付那些躲藏在墙壁背后的敌人的一种反人员武器，为城镇战斗提供了一种房舍突进的非常规手段。

性能解析

"斗牛士"武器系统在同类武器中重量最轻，具有反装甲和破墙功能，适合在有限空间内使用。该武器可以摧毁当今世界上大部分先进的装甲人员输送车和轻型坦克。武器射程超过"弩"式火箭筒，可以在轻武器的有效射程外射击，从而提高了士兵的生存能力。全新的推进系统使"斗牛士"成为一种高精确武器系统，弹丸不会受风的影响。人机工程设计和高精度光学瞄准具的完美结合，使武器可以从狭小的空间内发射，以增强武器在常规和城区作战中的效能。

趣闻逸事

拉斐尔先进防御系统公司和诺贝尔炸药防务公司还开发了"斗牛士"火箭筒的衍生型，包括斗牛士 -MP 型、斗牛士 -WB 型、斗牛士 -AS 型。

FGM-148"标枪"反坦克导弹

FGM-148"标枪"反坦克导弹是美国得州仪器公司和马丁·玛丽埃塔公司联合研发的单兵反坦克导弹,现由雷神公司和洛克希德·马丁公司生产。

排名依据

FGM-148"标枪"反坦克导弹可轻易将主要部件分拆,并在需要时轻易组装,其软发射能力使它具有较小的后焰,能从多种建筑物内发射,深受特种部队的喜爱。

研发历程

FGM-148"标枪"反坦克导弹于 1989 年开始研制,研制工作由美国得州仪器公司和马丁·玛丽埃塔公司共同完成,1994 年开始批量生产,1996 年正式服役,取代控制手段落后的 M47"龙"式反坦克导弹。FGM-148"标枪"反坦克导弹曾用于 2003 年的伊拉克战争,并对伊拉克的 T-72 坦克和 69 式坦克造成巨大威胁。在美国军队中,不仅普通部队大量装备 FGM-148"标枪"反坦克导弹,特种部队也非常喜爱这款武器。

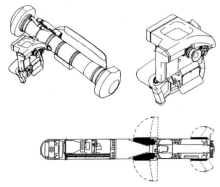

FGM-148"标枪"反坦克导弹结构图

总体设计

FGM-148"标枪"反坦克导弹是世界上第一种采用焦平面阵列技术的便携式反坦克导弹，配备了一个红外线成像搜寻器，并使用 2 枚锥形装药的纵列弹头，前一枚引爆任何爆炸性反应装甲，主弹头贯穿基本装甲。其发动机由串联在一起的起飞发动机和续航发动机组成。发射导弹时，用 100 毫秒的时间点燃起飞发动机，使导弹低速飞出发射筒。待导弹飞出 3 米多的安全距离后，点燃功率更大的续航发动机，推动导弹飞向目标。

美国陆军士兵发射 FGM-148"标枪"反坦克导弹

FGM-148"标枪"反坦克导弹发射瞬间

FGM-148"标枪"反坦克导弹开火

▐▌▌▶ 性能解析

FGM-148"标枪"反坦克导弹是一种"射前锁定、射后不理"导弹，该系统对装甲车辆采用顶部攻击的飞行模式，攻击一般而言较薄的顶部装甲，但也可用直接攻击模式攻击建筑物或防御阵地，也可以用以接战直升机。顶部攻击时的射程可达 150 米，直接攻击时则是 50 米。由于初始推动的推力小，且使用少烟推进剂，形成了软发射，大大减少了发射时的后坐力、后喷焰和扬尘，因此增强了发射阵地的隐蔽性。FGM-148"标枪"反坦克导弹系统的缺点在于重量大，射程较近，仅 2500 米。

肩扛 FGM-148"标枪"反坦克导弹的美军士兵

▐▌▐ **趣闻逸事**

　　FGM-148"标枪"反坦克导弹在多款电子游戏中都有出现，如《美国陆军》《使命召唤 4：现代战争》《使命召唤：现代战争 2》《使命召唤：现代战争 3》《使命召唤：现代战争》《战地 3》《战地 4》和《国土防线》等。

▐▌▌▶ 重要部件

M98A1 控制发射装置（CLU）是控制"标枪"导弹攻击的主要部件，其电力供给来源于无法充电的 BA-5590/U 锂二氧化硫电池，电池寿命视使用状况约 30 分钟至 4 小时。如果是训练时，则配备可充电的 BB390A 电池。CLU 可以全天候运作，白昼时可使用无须电力的 4 倍光学镜头寻找目标；在夜间或恶劣环境时，由热像仪搜索，如此射手可以自行搜寻目标，部署也就更有弹性。2006 年升级后的 CLU 还具备传送目标影像和 GPS 坐标给其他部队的能力。

CLU 有三种观察模式。第一种观察模式是 4 倍放大的日视模式，这主要用于在夜间任务时搜索光亮处，因为光在热像模式时无法看见，此模式也用于日出和日落后的那段时间，因为地表的快速加温或冷却，使得热像仪在这段时间内难以聚焦。第二种观察模式是 4 倍放大的夜视模式，会向射手显示一幅观察地区的热影像，这也是最常用的观察模式，因为这种模式可侦测红外辐射并发现隐蔽的部队和载具，屏幕会显示出一幅绿色的画面，并可调整对比和明暗。CLU 内部透过一个外部加装的小型冷却系统降温，大大提高了热像仪的灵敏度。在最佳目标区域决定后，射手压下两个扳机中的其中一个，就会自动转成第三种模式，即 9 倍放大的热像模式，变焦过程类似现代相机的自动变焦，这时也可切换至另外两种模式，一键即可完成。第三种模式并不常用，因为高倍的画面使得扫描大片地区时需花费更多时间，射手在此模式可进一步瞄准导弹，并设定装在导弹内的制导系统。如果确定发射导弹，则压下第二个扳机，完成锁定，导弹会在短时间后发射。

FGM-148"标枪"导弹发射装置

FGM-148"标枪"导弹

主要用户

国　家	说　明
美国	1996 年投入服役
英国	2005 年投入服役，至少有 850 具发射器和 9000 枚导弹
法国	76 具发射器、260 枚导弹
澳大利亚	92 具发射器
阿塞拜疆	50 具发射器
巴林	13 具发射器
印度尼西亚	25 具发射器、189 枚导弹
爱尔兰	36 具发射器
新西兰	24 具发射器、120 枚导弹
挪威	100 具发射器、526 枚导弹
阿曼	30 具发射器
沙特阿拉伯	20 具发射器、150 枚导弹

美国海军陆战队士兵搬运 FGM-148 "标枪"导弹

实战掠影

　　FGM-148 "标枪"反坦克导弹在伊拉克战争中得到了大量使用。美军的很多 M2 步兵战车都将原安装在炮塔左侧的双联装 "陶"式导弹换成了四联装 "标枪"导弹。美军机械化步兵也大量使用 "标枪"导弹摧毁伊拉克军队火力点和观察哨所，甚至用来打击伊拉克军队狙击手。由于"标枪"导弹可以攻击 65 米远的目标，因此适合在狭小地区作战，如巷战。但装备"标枪"导弹的美军士兵在作战中的最大优势是发射后能立即离开隐蔽处，而使用俄制"短号"反坦克导弹的伊军士兵，必须一直瞄准目标，直到导弹命中。过长时间停留在发射位置上，难免遭到火力杀伤。为减少射手暴露时间，美国和俄罗斯采取的是不同的思路。美国的"发射后不管"诞生了"标枪"导弹，俄罗斯加大飞行速度减少暴露时间催生了"短号"导弹。相对于伊军少量装备的"短号"导弹来说，"标枪"导弹的射程稍短。但是美军一贯认为超出 4000 米的范围，步兵观察器材就难以捕捉到目标，因此单兵武器射程无须过远，超出这个距离一般呼唤炮兵进行打击。在伊拉克战场上，不仅是国家间的对抗，也是技术与思想的对抗。

美军士兵使用 FGM-148"标枪"导弹瞄准目标

FGM-148"标枪"导弹发射器前端特写

使用 FGM-148 "标枪"导弹的美国陆军双人小队

HK AG36 榴弹发射器

　　HK AG36 榴弹发射器是德国 HK 公司于 21 世纪初设计并生产的 40 毫米单发下挂式榴弹发射器，发射 40×46 毫米低速榴弹。

排名依据

　　HK AG36 榴弹发射器可以通过增加手枪握把配件改装成一个独立的肩射型榴弹发射器武器系统，可以安装 LLM01 战术灯及激光瞄准器以提高精度。

研发历程

　　HK AG36 榴弹发射器是 HK 公司为了参加美国陆军的"增强型榴弹发射器模组"（EGLM）项目而研制的下挂式榴弹发射器，为了推广这种新的榴弹发射器，HK 公司还增加枪托发展出可单独使用的型号。HK AG36 榴弹发射器已被德国国防军采用，取代 HK69A1 榴弹发射器。另外，HK AG36 榴弹发射器也会成为德国"未来士兵系统"的一部分。除德国外，英国、法国、西班牙和土耳其等国也有装备。

HK AG36 榴弹发射器进行实弹测试

将 HK AG36 榴弹发射器装在 SA80 突击步枪上的英军士兵

总体设计

HK AG36 榴弹发射器使用便利的双动式扳机，发射机座的两侧都装有手动式保险杆。与美国 M203 榴弹发射器的设计相反，HK AG36 榴弹发射器的设计是横向式装填，并可在必要时使用更长的弹药，因此使用起来比较灵活，几乎能够发射所有的 40×46 毫米低速榴弹，包括橡胶子弹、防爆弹、催泪弹、烟幕弹、胡椒气体弹、照明弹、白磷弹、鹿弹、人员杀伤弹和高爆弹等。

性能解析

HK AG36 榴弹发射器原本设计下挂于 HK G36 突击步枪，但由于其模块化设计的关系，因此也很容易下挂于其他枪械，如 M16 突击步枪、M4A1 卡宾枪、HK416 突击步枪等。最重要的是，无论 HK AG36 榴弹发射器下挂于任何步枪，均不会影响步枪的射击精度及其操作系统。HK AG36 榴弹发射器装有皮卡订尼战术导轨，可安装激光瞄准器或其他辅助瞄准器。如果要把 HK AG36 榴弹发射器由下挂式改装成为肩射型，只需要装上枪托组件即可。

装在 HK G36 突击步枪上的 HK AG36 榴弹发射器

趣闻逸事

　　在电影《生化危机》中，HK AG36 榴弹发射器安装于保护伞公司的突击队员所使用的 HK G36K 突击步枪上，但不曾使用。电影《黑客帝国 2：重装上阵》中，HK AG36 榴弹发射器安装于梅罗文加一名手下所使用的 HK G36K 上。

衍生型号

名 称	说 明
L17 UGL	在 HK AG36 基础上改进而来，主要下挂于英国特种部队和探路野战排的 L119A1 卡宾枪
L123A2 UGL	在 HK AG36 基础上改进而来，主要下挂于英国陆军的 L85A2 突击步枪
AG-C/EGLM	HK AG36 的另一种版本，可利用皮卡订尼导轨安装在各种步枪之上
HK AG36A1	德国未来士兵系统的一部分
HK169	HK AG36 的肩射型版本，也是 HK69 榴弹发射器的后继型

英军士兵将 L123A2 UGL 榴弹发射器下挂于 L85A2 突击步枪

HK169 榴弹发射器

主要用户

国 家	单 位
德国	德国联邦国防军
英国	英国军队
泰国	泰国海军陆战队
塞尔维亚	塞尔维亚陆军特别旅
葡萄牙	葡萄牙陆军
荷兰	荷兰陆军
马来西亚	马来西亚海军特种作战部队
黎巴嫩	黎巴嫩国内治安部队
科索沃	科索沃安全部队
匈牙利	匈牙利军队

英军士兵使用 L123A2 UGL 榴弹发射器

使用 L123A2 UGL 榴弹发射器的英军士兵

GL-06 榴弹发射器

GL-06 榴弹发射器是瑞士布鲁加·托梅公司于 2008 年设计并生产的肩射型榴弹发射器，发射 40×46 毫米低速榴弹。除瑞士外，法国、爱沙尼亚、冰岛等国也有采用。

排名依据

GL-06 榴弹发射器具有体型轻巧、结构紧凑、设计简单、坚固耐用、战术灵活和人体工学设计优秀等优点，目前已被多个国家的军队和执法机构使用。

研发历程

21 世纪以来，一些欧洲国家为提升执法机关维持公共秩序的能力，对非致命性的特殊防暴榴弹武器系统的需求越来越强烈。此时，新一代榴弹武器系统正朝轻型化、大口径且能发射各种非致命性弹药的方向发展。同时，还应具有较高精度，特别是在对峙期间可以轻易、准确地针对人体弱点瞄准及射击。2008 年，瑞士布鲁加·托梅公司设计生产了 GL-06 榴弹发射器，可发射致命性弹药的 40 毫米低速榴弹，也可发射 40 毫米非致命性弹药。除瑞典本国军队使用外，还成功出口到其他国家的军警单位，如法国宪兵特勤队和冰岛警察。

枪托折叠的 GL-06 榴弹发射器

总体设计

　　GL-06 榴弹发射器是一款独立使用的 40 毫米口径榴弹发射器，不能加挂到步枪上。之所以没有采用下挂式设计，与其功能定位有关。由于 GL-06 榴弹发射器主要定位于执行骚乱控制和治安任务的警察和执法机构，而这些单位在执行任务时会尽力避免携带可能造成伤亡的步枪等武器，可独立使用的 GL-06 榴弹发射器则最能有效发挥作用。

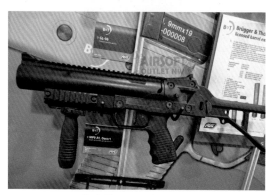

展览中的 GL-06 榴弹发射器

性能解析

　　GL-06 榴弹发射器能执行多重战术任务，当使用非致命性弹药时，它能有效地完成骚乱人群控制等治安任务。而当装填高爆弹药时，它又是一款可靠的地面战术支援武器。GL-06 榴弹发射器的所有操作部件均可左右手通用，就连挂载战术枪背带的圆孔也是两侧设计，增加了使用的灵活性。

GL-06 榴弹发射器可使用多种弹药，基本上只要符合 40×46 毫米规格的弹药均可使用。其采用中折式装填结构，而非前推装填，很大程度上是出于对弹药兼容性的考虑。

弹仓打开后的

GL-06 榴弹发射器装弹状态

趣闻逸事

在电子游戏《反恐精英 Online 2》中，最早于 2016 年 7 月 20 日推出，以 GL-06 为蓝本，将其改为金色枪身并将枪口扩大呈方形喇叭状，可发射捕捉网，命名为"黄金蛛网发射器"。

重要配件

GL-06 榴弹发射器的机械瞄具为鬼环式照门和带护翼片状准星的组合。作为预设、应急和备用瞄准具，鬼环式照门既能确保较高的射击精度，也能为用户在各种光线条件下提供快速捕捉目标的能力。在使用标准 40 毫米弹药时，机械瞄具的零刻度默认射程为 25 米，为确保发射精度，随武器附送的使用指南中还列出了不同距离的瞄准点调整参数。射手经过简单的练习，即可熟练地根据目标调整机械瞄具。GL-06 榴弹发射器的枪管上方设有皮卡订尼战术导轨，可以用以安装光学瞄准镜、红点镜、反射式瞄准镜、全息瞄准镜、夜视仪或热成像仪等配件。此外，机匣前端左、右、下侧也有皮卡订尼战术导轨，让射手能够根据需要加装诸如前握把、战术灯等多种附件。

布鲁加·托梅公司也为 GL-06 榴弹发射器提供了多样化的枪托选择，包括框架式枪托、杆式枪托以及涂装不同色彩的款式等。由于 GL-06 榴弹发射器主要使用聚合物材料，在沙漠或严寒地区等极端气温条件下操作时，射手不必再像使用旧型号榴弹发射器系统那样担心手会被其所烫伤或冻伤。

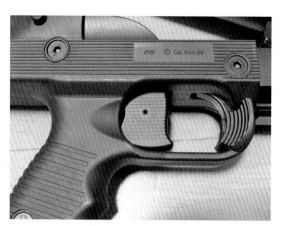

GL-06 榴弹发射器的扳机

GL-06 榴弹发射器的战术导轨

衍生型号

名　　称	说　　明
LL-06	非致命性版本，主要区别是枪身的部分颜色变为黄色，以表明它的非战斗用途，它能够发射所有低膛压的非致命性 40×46 毫米低速榴弹
LBD40	法国国家宪兵特勤队购买的版本

GL-06 榴弹发射器前端视角

采用中折式装填的 GL-06 榴弹发射器

主要用户

国　家	单　位
爱沙尼亚	爱沙尼亚陆军
法国	法国国家宪兵特勤队

（续表）

国　家	单　位
冰岛	冰岛警察
波兰	波兰警察
西班牙	西班牙警察
瑞典	瑞典军队、警察
瑞士	瑞士军队

GL-06 榴弹发射器及其弹药

GL-06 榴弹发射器与半自动手枪的尺寸对比

枪托展开的 GL-06 榴弹发射器

AT-4 反坦克火箭筒

AT-4 是由瑞典绅宝波佛斯动力公司生产的一款单发式单兵反坦克火箭筒，是目前世界上最为普遍使用的反坦克武器之一。

排名依据
AT-4 反坦克火箭筒是目前世界上使用范围最广泛的反坦克武器之一。AT-4 火箭筒还参加了巴拿马战争、海湾战争、索马里内战和阿富汗战争等。

研发历程

20 世纪 40 ～ 50 年代，瑞典研发了许多本土单兵武器，例如，卡尔·古斯塔夫无后坐力炮、Pskott m/68 反坦克火箭筒和 AK-5 突击步枪等。无论是无后坐力炮，还是突击步枪，在新型战场上面对敌方坚固的工事和厚重的装甲，发挥的威力都有所不足。为了能让步兵有能力去摧毁或瘫痪所遇到的装甲车辆和工事，20 世纪 60 年代后期，绅宝波佛斯动力公司推出了 AT-4 反坦克火箭筒。

AT-4 反坦克火箭筒随士兵参与作战

总体设计

　　AT-4 反坦克火箭筒是一种无后坐力武器，它表示炮弹向前推进的惯性与炮管后方喷出的推进气体的质量达成平衡，因为这种武器几乎不会产生后坐力，因此可以使用其他单兵携带武器所不能使用的、相对更大规格的炮弹。另外，因为炮管无须承受传统枪炮要承受的强大压力，因此设计得很轻。此设计的缺点是它会在武器后方产生很大的"后焰"区域，可能会对邻近友军或使用者造成严重的烧伤和压力伤，因此在封闭地区很难使用。

AT-4 火箭筒发射瞬间

AT-4 火箭筒发射瞬间

性能解析

AT-4 能够使单兵有能力去摧毁或瘫痪他们所遇到的装甲部队和工事，不过对于击毁现代主力战车方面仍然不是很有效。此武器发射器和火箭弹在制造后会先行组装好，再作为单一弹药释出，而非一个武器系统，发射筒在用后抛弃。AT-4 的特点是不需要太多训练，且操作容易，因此能适用于多种作战情况。

趣闻逸事

1985 年 9 月，美国陆军正式决定订购 27 万具 AT-4 火箭筒，命名为 M136 火箭筒，以取代之前装备的 M72 火箭筒。有了这次成功的竞标，AT-4 火箭筒名声大振，瑞典陆军很快就将其列为制式武器，荷兰、丹麦、委内瑞拉等国也买入一批来装备部队。

配用弹药

AT-4 反坦克火箭筒可以发射不同种类的火箭弹。因为 AT-4 火箭筒是一次性武器，这些火箭弹都预先装填在发射器中。AT-4 火箭筒主要发射高爆穿甲弹，其战斗部的主装药为奥克托金，采用铝或铜铝复合药型罩。引信的脱机雷管安全装置，可防止意外起爆。穿甲过程分接触、烧灼、破甲、破甲后效果等几个阶段。破甲后效果能在车体内产生峰值高压、高热和大范围的杀伤破片，并伴有致盲性强光和燃烧作用。此外，AT-4 火箭筒还能发射高爆两用弹和高穿透力弹等。高爆两用弹用在碉堡和建筑物上，火箭弹可设定为碰撞引爆或延迟引爆。高穿透力弹具有更强的穿透能力，可贯穿 500~600 毫米的装甲。

AT-4 火箭筒配用的高爆两用弹

操作方法

在使用 AT-4 反坦克火箭筒前，射手必须先确定没有友军或装备在后焰区，若是趴射，还必须将脚放至侧边以免烧到自己。然后将两个保险装置打开，扳起开火击针和压下扳机。瞄准是靠一个塑料可调距瞄准具完成，运输时以滑盖保护，除此以外，还可在一个可拆式固定架上加装光学夜视仪。使用 AT-4 反坦克火箭筒前无须太多训练且操作容易，这使它能适用于很多情况。因为单价昂贵，它并不适合定期实弹射击训练，因此有一些与之操作完全相同的练习版本，区别是发射的弹药为可重上弹的 9 毫米或 20 毫米曳光弹。

装有光学夜视仪的 AT-4 火箭筒

衍生型号

AT-4 反坦克火箭筒有一种为都市战而设计的衍生型号，被命名为 AT4-CS。一般的 AT-4 反坦克火箭筒从密闭空间发射是非常危险的事，因为它会使周边压力迅速增加，若膛后 15 米内有墙壁或者其他硬物，后方火焰也可能会回扑到射手身上。而 AT4-CS 在发射时会从后方排出盐水以中和后焰，同时将初速从原本 285 米 / 秒降低至 220 米 / 秒，让射手可以安全地从掩体或建筑物内发射。但也因为初速下降，使得 AT4-CS 攻击效果较差。

美军士兵采用站姿发射 AT4-CS 火箭筒

主要用户

国　　家	说　　明
瑞典	命名为 Pansarskott m/86
美国	1987 年开始在美国海军陆战队及美国陆军中服役，命名为 M136 AT4
英国	命名为 L2A1（ILAW），后被 NLAW 所取代
爱尔兰	命名为 SRAAW
阿根廷	阿根廷陆军和海军陆战队均有装备

（续表）

国　　家	说　　明
智利	智利陆军和海军陆战队均有装备
法国	法国陆军使用
印度尼西亚	印度尼西亚陆军使用
荷兰	荷兰陆军使用，被"铁拳 3"火箭筒取代
马来西亚	马来西亚陆军特种部队使用

美军士兵在伊拉克战场上使用 AT-4 火箭筒

德国士兵试射 AT-4 火箭筒

美国陆军"三角洲"特种部队士兵使用 AT-4 火箭筒

TOP 1

FIM-92 便携式防空导弹

　　FIM-92"毒刺"是由美国通用动力公司设计、雷神公司生产的一款便携式防空导弹,有三种衍生型,即基本型、被动光学型(POST)和软体电脑型(RMP)。

排名依据

　　"毒刺"导弹系统在 19 个国家,超过 40 个军种的 20 种车辆和直升机平台上均有装备。主要包括巴林、乍得、法国、伊朗、以色列、日本、韩国、巴基斯坦、卡塔尔、沙特阿拉伯和英国。在世界范围全部被击落的飞机中,约 300 架是由"毒刺"击落的。

研发历程

　　20 世纪 60 年代末期,美国通用动力公司计划设计一款肩射型单兵作战武器。1971 年,该公司开始了这个计划,次年便设计出第一款肩射武器,不过由于技术欠缺,所以这个武器是一个失败品。但通用动力公司并没有放弃,最终于 1978 年设计出 FIM-92A 便携式防空导弹。通过测试后,该武器于 1989 年开始在美军服役。之后,通用动力公司陆续推出了它的改进型,即 FIM-92B、FIM-92C 和 FIM-92D 等。

FIM-92"毒刺"导弹发射瞬间

FIM-92 便携式防空导弹发射画面

总体设计

一套 FIM-92"毒刺"导弹系统由发射装置组件和 1 枚导弹、1 个控制手柄、1 部 IFF 询问机和 1 个氩气体电池冷却器单元（BCU）组成。发射装置组件由 1 个玻璃纤维发射管和易碎顶端密封盖、瞄准器、干燥剂、冷却线路、陀螺仪 - 视轴线圈和 1 个携带吊带等组成。可拆卸控制手柄装有 1 个 BCU 连接插座、1 个 IFF 连接器、1 个脉冲产生器（BCU 激励）、1 个导引头开锁杆、1 个武器发射扳机、1 个 AN/PPX-1 IFF 询问开关、1 套可收放天线和用于导弹陀螺仪的控制电子装置。

性能解析

FIM-92 便携式防空导弹易于搬运和操作，是一种防御型导弹，可以攻击距离为 4800 米的车辆和高度 3800 米以下的飞机。虽然官方要求 2 人一组操作，但实际运用中 1 人操作就足够了。它可装在悍马车改装的"复仇者"载具上或 M2 布莱德雷步兵战车上，也可以由伞兵携带快速部署于敌军后方。

FIM-92"毒刺"导弹系统具有"射后不理"能力，射手一旦按动发射按钮，导弹飞离发射管后就可以无拘束地去装配另一枚导弹用于下一步的交战（小于 10 秒）、隐蔽或移动到另一个作战地点。

使用 FIM-92 的美军士兵

趣 闻 逸 事

各型"毒刺"导弹系统销售到世界范围内的许多国家军队中，包括一些第三世界国家，当然这些国家有的是通过"非正式"渠道获得的。

衍生型号

名　　称	说　　明
FIM-92A	基本型
FIM-92B	改进型，有新的寻标器，1983 年开始生产
FIM-92C	具有电脑程序化能力，1987 年开始生产

（续表）

名　　称	说　　明
FIM-92D	软件升级
FIM-92E	具有更好的感应器，软件升级，以对付小型或隐形飞机
FIM-92F	软件升级，2001 年开始生产
FIM-92G	在 FIM-92D 基础上进一步升级
FIM-92H	软件升级
FIM-92J	升级弹头引信，配备目标探测设备，能有效对付无人机
FIM-92K	在 FIM-92J 基础上进一步升级

"毒刺"导弹发射装置

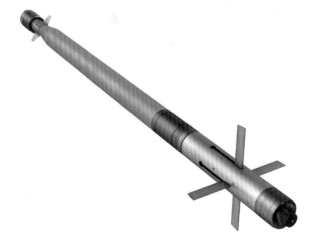

"毒刺"导弹

主要用户

国　　家	说　　明
美国	美国陆军、海军陆战队使用
英国	英国陆军使用
德国	授权欧洲宇航防务集团生产
意大利	意大利陆军装备 150 具
以色列	以色列国防军使用
巴基斯坦	巴基斯坦陆军装备 350 具
摩洛哥	与 AH-64 直升机一同购买
日本	已经停止采购，现用 91 式便携地对空导弹
韩国	已经停止采购，现用"西北风"和"神弓"便携式防空导弹系统

装备"毒刺"导弹的美军士兵

实战掠影

1982 年马岛战争期间，英国陆军特种空勤团使用了少量的 FIM-92A "毒刺" 导弹，在 5 月 21 日圣卡洛斯水陆两栖登陆期间摧毁了一架阿根廷空军的 IA 58 双螺旋桨近距支援飞机；同样在这场战争中，阿根廷发射 4 枚 "毒刺" 导弹，其中一枚击落一架英军飞机。

1983 年 10 月 25 日，美国军队在实战中第一次使用 "毒刺" 导弹系统。在加勒比海格林纳达岛空降突击中，美国军队部署了 27 个 "毒刺" 导弹发射组。

美军士兵在寒冷地区使用 "毒刺" 导弹

美军士兵在越南战争中使用 "毒刺" 导弹

美国海军陆战队士兵使用"毒刺"导弹

Chapter 05

特战冷兵器

冷兵器独有的隐蔽性、便携性和多功能性，即使在目前这个热兵器时代仍有着不可替代的作用，尽管冷兵器已不是现代作战的主要兵器，但因其特殊性被沿用至今。对特种部队来说，冷兵器更是必不可少的装备。

 服役时间和生产厂商

TOP10　戈博 LMF II Infantry 生存刀	
服役时间	21 世纪初
生产厂商	戈博刀具公司

TOP9　冷钢 TAC TANTO 战术刀	
服役时间	不详
生产厂商	冷钢刀具公司

TOP8　夜魔 DOH111 隐藏型战术直刀	
服役时间	不详
生产厂商	夜魔刀具公司

TOP7　爱默森 Super Karambit SF 爪刀	
服役时间	不详
生产厂商	爱默森刀具公司

TOP6　OKC-3S 刺刀	
服役时间	21 世纪初
生产厂商	安大略刀具公司

TOP5　NRS 侦察匕首	
服役时间	20 世纪 80 年代
生产厂商	图拉兵工厂

TOP4　哥伦比亚河 Hissatsu 战术直刀	
服役时间	不详
生产厂商	哥伦比亚河刀具公司

TOP3　M9 多功能刺刀	
服役时间	1984 年至今
生产厂商	菲罗比斯公司、巴克刀具公司、安大略刀具公司

TOP2　SOG S37 匕首	
服役时间	不详
生产厂商	哨格刀具公司

TOP1　Strider BNSS 战术刀	
服役时间	不详
生产厂商	挺进者刀具公司

武器尺寸

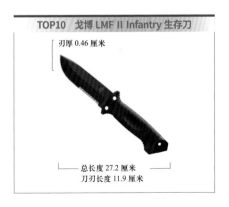

TOP10　戈博 LMF II Infantry 生存刀

刃厚 0.46 厘米

总长度 27.2 厘米
刀刃长度 11.9 厘米

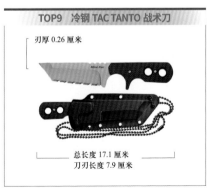

TOP9　冷钢 TAC TANTO 战术刀

刃厚 0.26 厘米

总长度 17.1 厘米
刀刃长度 7.9 厘米

TOP8　夜魔 DOH111 隐藏型战术直刀

刃厚 0.6 厘米

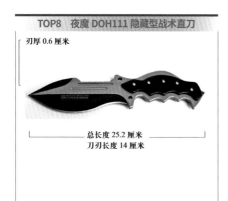

总长度 25.2 厘米
刀刃长度 14 厘米

TOP7　爱默森 Super Karambit SF 爪刀

刃厚 0.31 厘米

总长度 17.3 厘米
刀刃长度 6.1 厘米

TOP6　OKC-3S 刺刀

刃厚 0.5 厘米

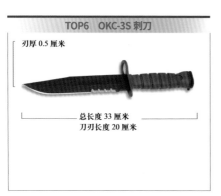

总长度 33 厘米
刀刃长度 20 厘米

TOP5　NRS 侦察匕首

刃厚 0.35 厘米

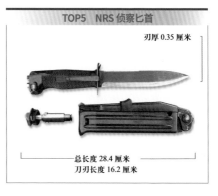

总长度 28.4 厘米
刀刃长度 16.2 厘米

TOP4　哥伦比亚河 Hissatsu 战术直刀

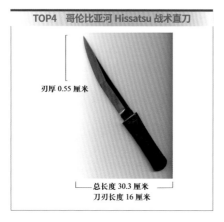

刃厚 0.55 厘米

总长度 30.3 厘米
刀刃长度 16 厘米

TOP3　M9 多功能刺刀

刃厚 0.66 厘米

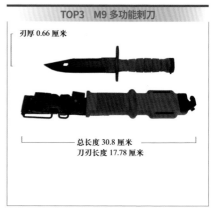

总长度 30.8 厘米
刀刃长度 17.78 厘米

TOP2　SOG S37 匕首

总长度 31.4 厘米
刀刃长度 17.8 厘米

刃厚 0.6 厘米

TOP1　Strider BNSS 战术刀

总长度 30 厘米
刀刃长度 17.8 厘米

刃厚 0.6 厘米

基本作战性能数据对比

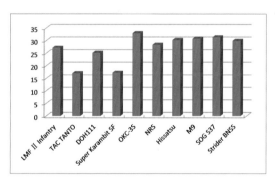

总长度对比图（单位：厘米）

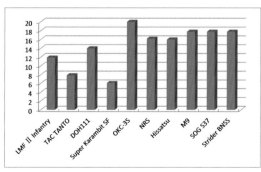

刀刃长度对比图（单位：厘米）

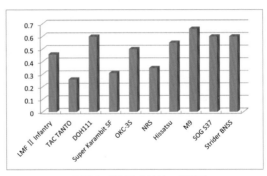

刀刃厚度对比图（单位：厘米）

10 TOP 戈博 LMF II Infantry 生存刀

　　LMF II Infantry 是由美国戈博刀具公司设计并生产的一款生存刀，为野外长时间逗留而设计，美国空降部队及其他各国野战军常配备。

排名依据
LMF II Infantry 生存刀因其良好的性能十分适合在复杂恶劣的野外环境中使用，目前已被全世界军警人员广泛采用。

▌▌▌▶ 研发历程

戈博刀具公司成立于 1939 年，由约瑟·戈博在美国俄勒冈州波特兰市创办，最初专注于生产厨房刀具。之后，由于资金有所好转，慢慢地进入了军界。二战期间，戈博产品成为美国军队的装备之一，受到士兵们的喜爱。时至今日，戈博刀具仍为世界各地军警人员的普遍装备。21 世纪初，为了帮助在野外长时间作战的特战队员，戈博刀具公司为其量身打造了一款生存刀——LMF II Infantry。

LMF Ⅱ Infantry 生存刀及其刀鞘

▌▌▌▶ 总体设计

LMF Ⅱ Infantry 生存刀的塑料手柄让刀身更为轻盈，超大的手指凹槽减少了手部出现滑动情况，尾端可当击破器、榔头等，并可跟木棍捆绑变换成矛。

性能解析

　　LMF Ⅱ Infantry 生存刀具有较强的耐磨性和防锈性，极适合在复杂恶劣的野外环境中使用。其刀身前端能够提供卓越的切削能力，可在野外执行切割、剥皮等精细工作；刀身后半部的齿刃在执行如切割树枝、尼龙绳索等任务上有着非常良好的表现。

装入刀鞘的 LMF Ⅱ Infantry 生存刀

9 TOP　冷钢 TAC TANTO 战术刀

TAC TANTO 是由美国冷钢刀具公司设计并生产的一款战术刀。

排名依据
TAC TANTO 战术刀质量轻，便于携带，目前被多国特种部队所采用。

研发历程

冷钢刀具公司成立于 1980 年，是美国著名的多元化冷钢刀、折刀、直刀生产制造商。冷钢刀具公司的设计原则是所生产的刀都必须是高性能的，从最小、最便宜的到最好、最昂贵的刀，皆须符合这个要求。为了达到这个目标，冷钢刀具公司全力投入研究高性能刀必须具备的条件，其内容包括断面、厚度、刀身几何、刀刃几何、钢材以及热处理等。上述每项条件都被精研至所有细节，以达到各项特殊用途的最佳整合效果。TAC TANTO 战术刀就是在冷钢刀具公司如此苛刻的要求下设计出来的。

手持 TAC TANTO 战术刀

TAC TANTO 战术刀上方视角

▎▎▎▷ 总体设计

TAC TANTO 采用全龙骨一体式构造，异常坚固的刀体性能更为稳定。两侧装有带防滑织纹的 G-10 柄片，独特的抓握指槽设计，大大增强了握持力。并使用 2 颗 6 角螺丝对手柄进行固定，尾部的系绳孔可穿系伞绳、头珠类的刀具饰品。此外，该产品配有黑色 Kydex 刀鞘，方便携带。

▎▎▎▷ 性能解析

TAC TANTO 是一款几何式全刃战术刀，较为宽阔的强大刀片拥有出色的穿刺力，先进的热处理工艺和打磨出的剃刀般锋利度让刀具拥有令人难以置信的强度和威力。刀身刃部采用全齿打磨方式处理，尤其适合重型切削任务。坚固的珠链吊带和 Secure-Ex 安全护套，既能让刀具紧紧地插入刀鞘，又能快速地抽出使用。

夜魔 DOH111 隐藏型战术直刀

DOH111 是由美国夜魔刀具公司设计并生产的一款隐藏型战术直刀。

排名依据
DOH111 被美国政府服务机构视为最佳刀具之一，被众多军队与警察所认可，并被推崇为最具杀伤力的战术刀具武器。

▎▎▎▷ 研发历程

夜魔是美国著名的专业生产战术用具的公司，涵盖的产品非常多，其中包括战术手电、战术刀具和户外生存用具等，每件产品都是站在使用者的角度设计，以好用、安全、合理及能时刻保护使用者为设计基准。DOH111 隐藏型战术直刀就是该公司基于这一理念设计出来的。它采用 CTV2 外科手术级高锋利度不锈钢材料。这种材料弥补了以往传统材料的缺陷， 既保证了刀刃的高硬度，又完善了刀刃的韧性，所以是可以胜任高强度工作的新型材料。

夜魔 DOH111 隐藏型战术直刀及其刀鞘

总体设计

夜魔 DOH111 隐藏型战术直刀没有涉及过多的锁定设计，是为了避免在恶劣环境中由于过于烦琐的功能，导致战术动作的失常从而带来不必要的危险。夜魔产品刀刃的厚度几乎是其他同等品牌刀具的一倍，锁定机构也经过实战的检验，异常强大且坚固。

　　DOH111 隐藏型战术直刀是根据全天候作战的需求而设计，能在不同的恶劣环境中出色完成各项任务。其刃部长而且锐利，足以穿透战斗机外壳和单兵防弹系统。它充分运用了人机工程学，经过军方测试的手柄镶嵌了高科技石英防滑颗粒，适用于作战时的各种持握方式。

爱默森 Super Karambit SF 爪刀

　　Super Karambit SF 是由美国爱默森刀具公司设计并生产的一款爪刀。

排名依据

Super Karambit SF 爪刀是目前世界上公认的最出色的单兵作战武器之一，主要用作近身搏斗武器。

研发历程

爱默森是美国一家著名的刀具公司，成立于 1997 年，由制刀大师爱默森和他的妻子共同创办。在很早以前，爱默森在搏击界声名显赫。在搏击界的岁月里，激发了他向制刀领域发展的兴趣。

Super Karambit SF 爪刀各种状态特写

20 世纪 70 年代，出于学习搏击术的需要，爱默森开始自己做刀。在制造了几年高端手工折刀之后，爱默森转向一个不同的方向，决定制造军用型刀具，开始他事业的新阶段。不久，他开始制作战术折刀，并设计出不同用途及多用途的刀具。Super Karambit SF 爪刀就是爱默森亲手设计的，一经推出就受到特战队员的追捧。

ⅢⅢ▷ 总体设计

　　Super Karambit SF 爪刀刀柄设计符合人体工程学，适合正向、反向握持和使用。刀柄内部拥有钛衬垫，保持使用时的稳定性，柄外贴附的织纹状黑色 G10 贴片提供了出色手感。刀柄末端设计有超大指孔，方便操作。

Super Karambit SF 爪刀包装盒

ⅢⅢ▷ 性能解析

　　Super Karambit SF 爪刀源自古代印尼用作自我保护和自我防卫的通用刀具。刀背末端拥有波形快开机制，在紧急或受伤情况下，从口袋抽出刀子的同时，可开启刀刃。

Super Karambit SF 爪刀平磨后刀身拥有出色的锋利度，针尖式刀头又提供足够的刺入力。刀身采用石洗处理并印刻爱默森标志。

6 TOP　OKC-3S 刺刀

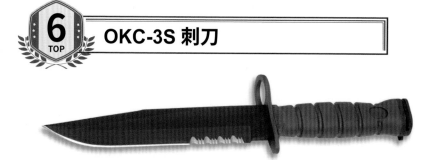

OKC-3S 刺刀是美国海军陆战队在 21 世纪初正式采用，用以取代 M7 刺刀及作为 M16/M4 枪族的制式装备的一种多用途刺刀。

排名依据

OKC-3S 刺刀作为美国海军陆战队取代 M7 刺刀的一款装备，具有硬度高、功能全面等特点，被美国海军陆战队大量装备。

▌▌▌▷ 研发历程

21 世纪初，时任美国海军陆战队司令的詹姆斯·琼斯上将为了让海军陆战队增强肉搏战能力，制订了一系列严苛的训练计划，包括武术和白刃格斗。与此同时，海军陆战队还决定装备一种新的刺刀，用于取代老旧的 M7 刺刀。2002 年 12 月，海军陆战队开始对三十余种不同的刀具进行评估。在测试中，安大略刀具公司的 OKC-3S 刺刀表现最佳，最终被选中。2003 年，OKC-3S 刺刀开始批量生产。

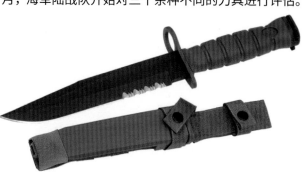

OKC-3S 刺刀及其刀鞘

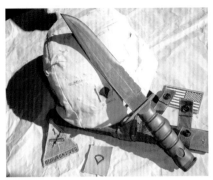

OKC-3S 刺刀及其刀鞘　　　　　　OKC-3S 刺刀及其他单兵装备

 **总体设计**

　　OKC-3S 刺刀的刀鞘和握柄是彩色的，以配合海军陆战队的狼棕褐色设备，兼容林地和沙漠两地的迷彩。握柄由合成防滑材料制成，具有符合人体工程学的开槽。这种设计有助于防止海军陆战队员在训练时重复性紧张损伤和手部疲劳。它还具有海军陆战队标志的浮雕，让使用者在黑暗中识别出刀刃的方向。

性能解析

　　OKC-3S 刺刀具有与海军陆战队员的标志性卡巴刀相似的外观，但没有血槽。它比 M7 刺刀和 M9 刺刀更大、更厚和更重，能够贯穿现代军队中的多种防弹衣。刀身是由额定值为 53-58 HRC（硬度单位）的高碳钢所制成，能够在 −32℃ 到 +57℃ 的温度内正常使用而不会破损。

在步枪装上装备 OKC-3S 刺刀的美国海军陆战队员

美国海军陆战队员使用 OKC-3S 刺刀练习刺刀格斗

NRS 侦察匕首

NRS 侦察匕首也称为 NRS-2，主要特点是在多用途刀具中加入了射击装置。

排名依据

　　NRS 侦察匕首创造性地在握把内加入了射击装置，能够让使用者出其不意地对敌人进行攻击，大大提高了士兵的自卫能力。

研发历程

　　20 世纪 50 年代，苏联中央精密机械科学技术研究所成功制造出 7.62×39 毫米 SP2 特种子弹。这种子弹具有不错的消音效果，但仍有一些不足之处。为了弥补这些不足，1966 年又进一步改进研制出 SP3 特种子弹。同时，配用 SP3 特种子弹的微声手枪也被研制出来，并交付克格勃和特种部队使用。紧接着，克格勃和苏联国防部向图拉兵工厂提出研制微声匕首枪的需求，其结果就是 NRS 微声匕首枪。之后，图拉兵工厂又研制出威力更大的 SP4 特种子弹，并在 NRS 的基础上研制出 NRS-2 微声匕首枪，1986 年开始列装，同时列装的还有外形结构与其类似的 NR-2 普通匕首。

NRS-2 侦察匕首及其刀鞘

使用 NRS-2 侦察匕首的俄罗斯特种兵

总体设计

NRS 侦察匕首的刀柄中有枪膛和短枪管，可以装1发 7.62×42 毫米 SP-4 特制受限活塞子弹（俄罗斯 PSS 微声手枪使用的子弹）。枪口位于匕首刀柄的尾部。反过来握住刀柄，扣压刀柄中的扳机就能发射子弹。横挡护手上的一个缺口充当简化的瞄准装置。滑动的保险栓可以防止意外走火。

NRS-2 侦察匕首的射击装置使用演示

性能解析

NRS 侦察匕首是一个能够割断直径达 10 毫米钢线的实用工具。采用绝缘刀鞘，可以用来切割电缆。该匕首还可以当螺丝起子用，或者用于其他方面。它的最大特点就是加入了射击装置。不过，这个射击装置的实际作用让人质疑，因为为了正确射击，刀刃必须朝向射击者的喉咙，这时使用者会处于一个很危险的状态。

哥伦比亚河 Hissatsu 战术直刀

Hissatsu 是由美国哥伦比亚河刀具公司设计并生产的一款战术直刀。

排名依据

Hissatsu 战术直刀有着优越的削减能力和较强的穿透破坏力，是战场上备用辅助武器的首选之一，目前被世界各国军警广泛采用。

研发历程

哥伦比亚河是一家专门为军队、警队和治安部门设计并生产刀具的公司，成立于 1994 年。该公司成立后，不断与一些著名的刀具设计师合作，推出了富有创意和革新力的军警用刀具。

多角度特写

目前，这家公司在业界享有良好的声誉。它的服务还包括向客户推荐合适的刀具、传授保养知识、售后服务。所有的哥伦比亚河刀具都是由当今最先进的设备和生产系统制造，从始至终严格按照流程生产，每个步骤都精益求精。Hissatsu 战术直刀就是在这样一个环境中诞生的。

总体设计

Hissatsu 战术直刀柄部使用 Kraton 材质裹覆，并依照传统日本样式所制成，有着浓厚的日本刀气息，并提供令人惊异的紧握感。手柄一侧拥有刀锋方向辨识凸点，即使光线微弱也能顺利分辨。注塑成型的子托刀鞘具有坚固、质轻和安全等诸多优点，配备可移动式背夹，方便使用者进行调整佩带。

性能解析

Hissatsu 战术直刀的上翘式尖细狭长的刀身是由 440A 不锈钢锻造的，

经过精细打磨后拥有出色的切削能力和穿刺性能。刀身表面使用沙色钛亚硝酸盐涂层处理，有效消除了反光，更适合在沙漠戈壁地区使用。

TOP 3 M9 多功能刺刀

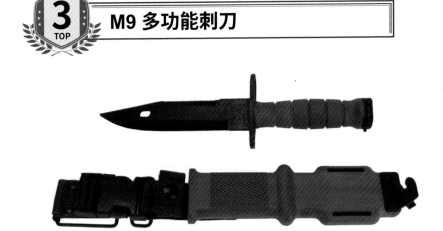

M9 多功能刺刀是美国菲罗比斯等公司为 M16、AR15、G3 和 FNC 等北约制式枪械所研制并装备的新一代多功能刺刀。

排名依据
M9 多功能刺刀结构简约，其刀柄坚实耐磨，被美军作为单兵制式装备。

研发历程

1986 年 10 月，美国陆军决定研制功能更加强大的新型军用刺刀来全面替换功能单一的 M7 刺刀。军方通过招标方式广泛征集新型刺刀，最终由菲罗比斯公司中标。

菲罗比斯公司设计的 XM9 原型刺刀在严格的测试中，无论是在人机工程学，还是在功能性、实用性等方面均超过其他 5 家公司，而且是唯一能在所有测试项目中，损坏率均为零的样刀。美国陆军在提出一些小的改进后，于 1986 年 10 月在加州授予菲罗比斯公司一份为期 3 年的军事采购合同，首批共生产 315600 把军用 M9 多功能刺刀，免除税款后每支单价为 49.56 美元。

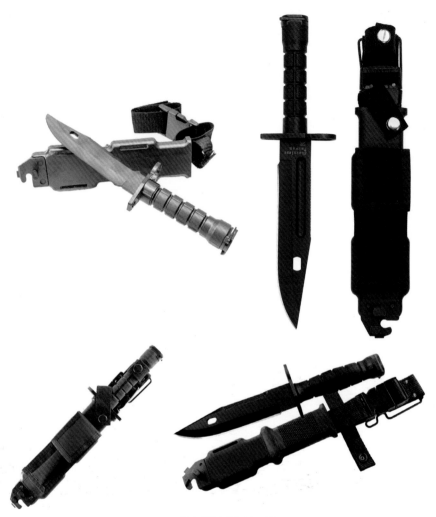

M9 多功能刺刀及其刀鞘

由于菲罗比斯公司没有实际生产能力，刺刀全部由美国巴克刀具公司生产。这也是最早的、做工最为精细的产品，陆军共有一代、二代、三代、四代四个版本。此后，由于巴克刀具公司生产的 M9 多功能刺刀成本高昂，美国军队转而装备兰卡和安大略刀具公司生产的 M9 多功能刺刀。

M9 刺刀右侧方特写

总体设计

M9 多功能刺刀的刀柄为圆柱形，使用美国杜邦公司生产的橄榄绿色 ST801 尼龙制造，坚实耐磨；表面有网状花纹，握持手感好，而且绝缘。刺刀护手两侧有 2 个凹槽，可当起瓶器；刀柄尾部开一小卡槽，与枪的结合定位方法和 M7 式刺刀相同。该刀的刀鞘也用 ST801 尼龙制造。刀鞘上装有磨刀石，末端还有螺丝刀刃口，可作改锥使用。

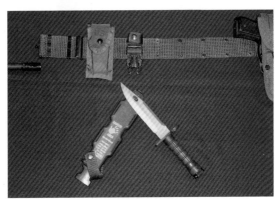

M9 刺刀上方视角

性能解析

M9 多功能刺刀是在 Phtobis 公司生产的 BUCK 184 的基础上改进而成的。刀身使用 425M（M 是改进型）钢材制造，厚度为 6 毫米。表面涂层有暗灰色和纯黑色两种；刃部经 BUCK 专业的热处理，刀口锋利；刀背较长，锯齿尖利，角度合适，能锯断飞机壳体；刀身前部有一椭圆形过孔，能与刀鞘剪切板组成钳子，剪断铁丝网和电线。

SOG S37 匕首

SOG S37 匕首是美国哨格刀具公司设计并制造的军用匕首，原名 Knife 2000。这种匕首性能出色，主要用户为美国海军"海豹"突击队。

排名依据
SOG S37 匕首使用时的噪声非常低，握持手感舒适，比重恰当，可有效发挥使用者的力量。

研发历程

哨格刀具公司是一家涵盖直刀、折刀和多用途工具等领域的刀具制造商，其大多数产品都由创始人兼首席工程师斯宾塞·弗雷泽设计，他的专利发明和独特的现代风格为哨格刀具公司赢得许多奖项，SOG S37 匕首是哨格刀具公司的经典作品之一。

装入刀鞘的 SOG S37 匕首

SOG S37 匕首及其刀鞘

总体设计

　　SOG S37 匕首刀刃尾部有齿刃，方便切割绳索，刀身表面经过雾面防锈处理，不易反光，执行任务时利于隐蔽。SOG S37 匕首的用途十分广泛，刀身设计着重于前端尖刺的部分，具备超强破坏力，同时也保留了锋利的刀刃。

SOG S37 匕首握持

性能解析

SOG S37 匕首在一系列异常严苛的测试中都有不俗的表现，测试项目包括刀锋韧性、锋利程度、刀刃寿命、刀尖抗折强度、绳索切割能力，以及砍、撬、刺性能等。其把手部分合乎手指的力道设计，经过严谨的测试，不但拥有十足的防火功能，更可劈、砍、突刺，也可切割多种绳索和线材。

1 TOP | Strider BNSS 战术刀

Strider BNSS 是由美国挺进者刀具公司设计并生产的一款战术刀，粗犷的外形和带有美式强悍风格的几何刀头是给人的第一印象，可以视为一把格斗版的工具刀。

排名依据

Strider BNSS 战术刀拥有较尖的刀尖角度，穿刺能力较强，能作为格斗刀使用。目前已被美国、英国等多个多家的特种部队所采用。

研发历程

挺进者刀具公司本是一家私人所有和经营的小公司，致力于设计和制造在恶劣条件下使用的生存刀具。公司的创办人与经营者是美国军方退役人员，其最初目标是为士兵提供最合理耐用、容易保养的野外用刀，因此研制出了著名的 Strider BT 工具刀和 Strider MT 格斗刀。此后，挺进者刀具公司开始尝试在工具刀和格斗刀之间寻求平衡点，最终诞生了 Strider BN 和 Strider BNSS。时至今日，Strider 已是军用刀具中赫赫有名的品牌，其产品已被美国、英国等国的特种部队广泛采用。

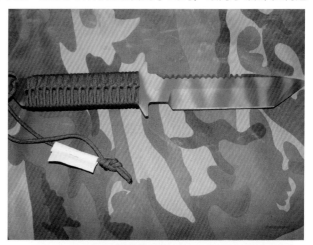

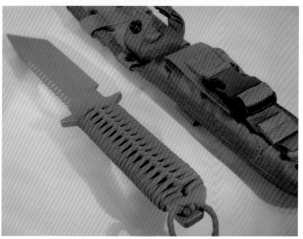

Strider BNSS 战术刀及其刀鞘

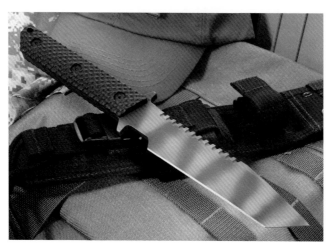

刀柄没有缠绳的 Strider BNSS 战术刀

总体设计

　　Strider BNSS 战术刀身设有锯齿状结构，便于使用者在野外进行切割。由于主要是用于军事用途，所以 Strider BNSS 战术刀并不注重舒适度。其标准刀柄为外加缠绳，缠绳的材料有多种。缠有纤维尼龙绳的刀柄即便浸了油也能握得很紧，而且缠绳还能在特殊情况下派上用场。

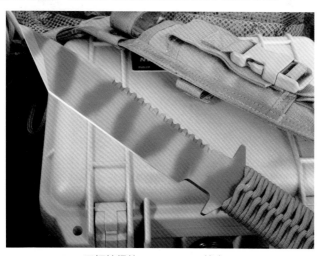

刀柄缠绳的 Strider BNSS 战术刀

Strider BNSS 战术刀上方视角

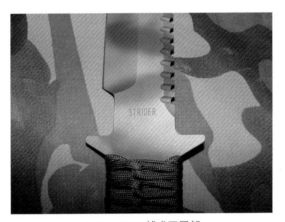

Strider BNSS 战术刀局部

性能解析

　　Strider BNSS 战术刀采用 S30V 钢材制造，S30V 钢材是一种高铬、高碳、高钼、低杂质的不锈钢，具有很高的硬度和韧性。在制作过程中，经过独特的淬火处理，其过程包括超高温热处理和零下温度淬火，以及增加韧性的特有回火流程。Strider BNSS 战术刀经过表面氧化处理，非常坚固耐用，不需要刻意保养。

Chapter 06

陆地特战载具

　　机动快速是特种部队尤为重要的一项特征，而这种快速很大程度上来自特种部队装备的各种载具，包括装甲车辆、舰艇和飞行器等。它们不仅是特种部队快速部署的关键，也是特种部队的重要火力支援。本章精选了10 个最经典的陆地特战载具进行详细介绍。

 衍生型号、服役时间和生产厂商

TOP10　V-100 装甲车	
衍生型号	V-150、V-200、V-300、V-600
服役时间	1963 年至今
生产厂商	凯迪拉克盖集汽车公司

TOP9　"食人鱼"装甲车	
衍生型号	食人鱼Ⅰ型、食人鱼Ⅱ型、食人鱼Ⅲ型、食人鱼Ⅳ型、食人鱼Ⅴ型
服役时间	1977 年至今
生产厂商	瑞士莫瓦格公司

TOP8　LAV-25 装甲车	
衍生型号	LAV-25A1、LAV-25A2
服役时间	1983 年至今
生产厂商	通用汽车公司是一家位于美国的全球最大的汽车制造商，总部位于密歇根州的底特律市

TOP7　BTR-80 装甲车	
衍生型号	暂无
服役时间	1986 年至今
生产厂商	阿尔扎马斯机械制造厂，总部位于俄罗斯下诺夫哥罗德

TOP6　VBL 装甲车	
衍生型号	VBL 指挥车型、VBL 防空车型、VBL 通信车型、VBL 反坦克车型等
服役时间	1990 年至今

（续表）

TOP6　VBL 装甲车	
生产厂商	法国潘哈德公司

TOP5　沙漠侦察车	
衍生型号	暂无
服役时间	1991 年至今
生产厂商	美国切诺斯公司

TOP4　MRAP 防地雷反伏击车	
衍生型号	MRAP Ⅱ
服役时间	2007 年至今
生产厂商	通用动力公司是美国的一家国防企业集团，总部位于弗吉尼亚州

TOP3　JLTV 装甲车	
衍生型号	JLTV-A、JLTV-B、JLTV-C
服役时间	2019 年至今
生产厂商	奥什科什公司

TOP2　VBCI 步兵战车	
衍生型号	VCI（步兵战车型）、VPC（指挥车型）、VTT（运输车型）
服役时间	2008 年至今
生产厂商	法国地面武器工业集团

TOP1　HMMWV 装甲车	
衍生型号	M707A2、M966、M1037、M1045 等 30 种
服役时间	1985 年至今
生产厂商	美国汽车（AMC）公司

车身尺寸

TOP10　V-100 装甲车

高度 2.54 米

长度 5.69 米
宽度 2.26 米

TOP9　"食人鱼"装甲车

高度 1.9 米

长度 4.6 米
宽度 2.3 米

TOP8　LAV-25 装甲车

高度 2.69 米

长度 6.39 米
宽度 2.5 米

TOP7　BTR-80 装甲车

高度 2.41 米

长度 7.7 米
宽度 2.9 米

TOP6　VBL 装甲车

高度 1.7 米

长度 3.8 米
宽度 2.02 米

TOP5　沙漠侦察车

高度 2.01 米

长度 4.08 米
宽度 2.11 米

TOP4 MRAP 防地雷反伏击车

高度 3.05 米

长度 7.41 米
宽度 2.51 米

TOP3 JLTV 装甲车

高度 1.9 米

长度 4.6 米
宽度 2.3 米

TOP2 VBCI 步兵战车

高度 3 米

长度 7.6 米
宽度 2.98 米

TOP1 HMMWV 装甲车

高度 1.8 米

长度 4.6 米
宽度 2.1 米

 基本作战性能数据对比

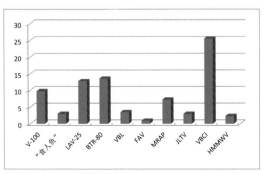

重量对比图（单位：吨）

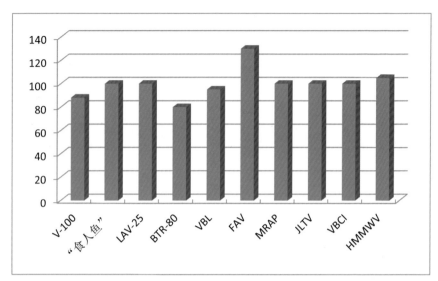

陆地特战载具最大速度对比图（单位：千米 / 时）

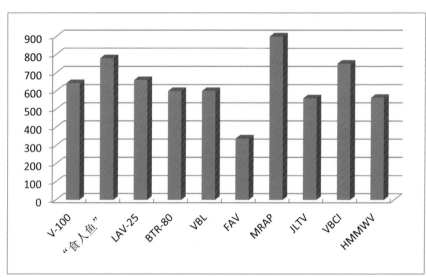

最大行程对比图（单位：千米）

V-100 装甲车

V-100 是美国凯迪拉克盖集汽车公司设计并生产的一款装甲车，可充当多种角色，其中包括装甲运兵车、救护车、反坦克车和迫击炮载体等。

排名依据

V-100 装甲车机动性高，可作为装甲运兵车、反坦克车等多种角色，在美军中被广泛装备使用。

研发历程

20 世纪 60 年代，美军开始寻求一种新型装甲车，以取代过去老旧的同类战车。此时，美国凯迪拉克盖集汽车公司也有意进入军界，以提高自己的知名度和增强自身资金实力。于是，凯迪拉克盖集汽车公司毛遂自荐，向美军推销自己的产品——凯迪拉克盖集"突击队"装甲车。前者的产品在通过后者的测试后被"录用"，并在 1964 年开始装备军队，更名为 LAV-100 装甲车。不过美军士兵通常称之为"鸭子"或者 V-100。

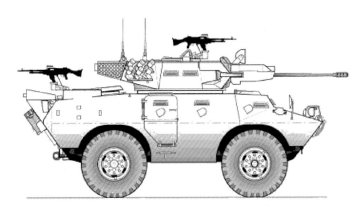

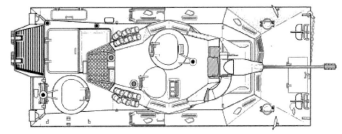

V-100 装甲车结构图

V-100 装甲车 3D 图

展览馆中的 V-100 装甲车

▌▌▌▷ 总体设计

V-100 装甲车最多可搭载 12 名乘员，可用于道路巡逻、护送和基地防御等。它的武器包括底部的 2 挺或 3 挺 M2 重机枪或 M60 通用机枪，有时也会使用 M134 机炮，车内乘员也可以利用个人武器通过射击孔向外射击。在不装炮塔时可作为迫击炮的搭载平台，也可选择安装 5 挺机枪作为装甲运兵车或步兵战斗车使用。

▌▌▌▷ 性能解析

V-100 装甲车使用无气战斗实心胎，可以在水中以 4.8 千米 / 时的速度前进。该车装甲的材质是称为 "Cadaloy" 的高硬度合金钢，可以挡住 7.62×51 毫米 NATO 子弹。因为装甲重量太重，所以后轮轴极易损坏。但是，由于合金钢装甲提供了单体结构框架，所以它轻于加上装甲的普通车辆。另外，装甲的倾斜角度也有助于防止子弹和地雷爆炸而穿透装甲。

> ⬤ 趣 闻 逸 事
>
> 在 1990 年 8 月至 1991 年 2 月海湾战争期间，V-100 装甲车被运往伊拉克战场作为装甲运兵车和步兵战车使用。

葡萄牙军队装备的 V-100 装甲车

"食人鱼"装甲车

　　"食人鱼"装甲车是瑞士莫瓦格公司设计制造的轮式装甲车，根据车轮数量有 4×4、6×6、8×8、10×10 等多种版本，是欧美国家广泛使用的装甲车。

排名依据
"食人鱼"装甲车的性能出色，用途广泛，其出口数量在世界各国的轮式装甲车中名列前茅。

▌▌▌▷ 研发历程

　　20 世纪 70 年代初期，莫瓦格公司就自筹资金开始研制"食人鱼"装甲车。1972 年生产出第一辆样车，为 6×6 车型。1976 年，莫瓦格公司开始为加纳、利比里亚、尼日利亚和塞拉利昂生产 4×4、6×6、8×8 车型。1977 年，加拿大武装部队在经过充分对比后，选择了"食人鱼"装甲车，签署了 350

辆 6×6 车型的订单。不久，又增加到 491 辆。此后，美国、瑞士、沙特阿拉伯、智利、澳大利亚、阿曼、丹麦、以色列、瑞典、新西兰、卡塔尔等国也相继订购了"食人鱼"装甲车。时至今日，"食人鱼"装甲车已经从Ⅰ型发展到Ⅴ型。

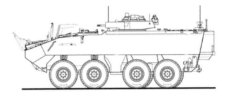

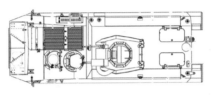

结构图

急速行驶中的"食人鱼"装甲车

训练中的"食人鱼"装甲车

"食人鱼"装甲车前方视角

总体设计

"食人鱼"装甲车 10×10 版本的主要武器是 1 门 105 毫米线膛炮，炮塔可旋转 360°。发射尾翼稳定的脱壳穿甲弹初速达 1495 米 / 秒，具有反坦克能力。辅助武器为 1 挺 7.62 毫米并列机枪。车上携炮弹 38 发，子弹 2000 发。该车有涉水 2 米深的能力。涉水时，除用车轮滑水外，也用螺旋桨推进器。

"食人鱼"装甲车进行爬坡测试

性能解析

"食人鱼"装甲车安装了底特律 6V53TA 柴油机。乘员可利用中央轮胎压力调节系统，根据路面行驶状况调节轮胎压力。车内有预警信号装置，当车辆行驶速度超过所选择轮胎的压力极限时，预警信号装置便发出报警信号。该车有多个驱动系统，即使地雷炸坏了一个驱动分系统，车辆也能继续行驶。

"食人鱼"装甲车取名字叫食人鱼的一种鱼类，其学名叫锯脂鲤。它的腹部呈锯齿状，尾鳍摆动有力，游速快，多生长于南美洲的河流中，是一种极为残暴的肉食性鱼。

LAV-25 装甲车

　　LAV-25 装甲车是通用汽车公司为美国海军陆战队制造的轮式装甲车，于 1983 年开始服役。

排名依据

　　LAV-25 装甲车是美军目前的主力车种之一，经历过实战的考验，能抵御一定程度的破甲弹和杀伤弹的袭击，并且具有浮渡能力，可以在水面行进。

▌▌▌▶ 研发历程

　　1980 年，美国为了满足新组建的快速部署部队的需要，决定发展一种轮式步兵战车，由美国陆军和海军陆战队共同负责实施，并提出了能满足双方要求的战术技术指标。1981 年有 7 家企业的 8 个方案投标，其中有 3 家的 4 款车型参加了 1982 年的竞争性对比试验。1982 年 9 月，美军正式宣布加拿大通用汽车公司柴油机分部的方案中标，并将该公司提供的"皮兰哈"轮式装甲车（8×8）命名为 LAV-25 轮式装甲车。

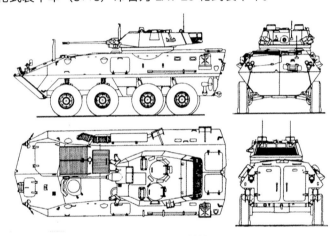

LAV-25 装甲车结构图

LAV-25 装甲车 3D 图

总体设计

　　LAV-25 装甲车的车体和炮塔均采用装甲钢焊接结构，正面能抵御 7.62 毫米穿甲弹，其他部位能抵御 7.62 毫米杀伤弹和炮弹破片。驾驶员位于车体前部左侧，炮塔居中，内有车长与炮手的位置，载员舱在车体后部。

性能解析

　　LAV-25 装甲车采用 6V-53T 涡轮增压柴油机，功率为 202 千瓦，与之匹配的为 MT-653DR 液力机械传动装置，有 5 个前进挡与 1 个倒挡。该车具有浮渡能力，水上行驶时靠 2 台喷水推进器推进，车首有防浪板。为便于自救，车上装有 1 台绞盘。

美国海军陆战队士兵依托 LAV-25 装甲车作战

　　LAV-25 装甲车采用德尔科公司的双人炮塔，装有 1 门 25 毫米链式炮。主炮有双向稳定，便于越野时行进兼射击。辅助武器为 M240 并列机枪和 M60 机枪各 1 挺。炮塔两侧各有 1 组 M257 烟幕弹发射器，每组 4 具。

　　LAV-25 装甲车曾跟随美军参加伊拉克战争和阿富汗战争等。

LAV-25 装甲车侧面视角

7 TOP BTR-80 装甲车

BTR-80 装甲车是苏联于 20 世纪 80 年代研制的轮式装甲车，主要用于

人员输送。目前，BTR-80 装甲车仍在俄罗斯军队服役，乌克兰和马其顿等国的特种部队也有装备。

BTR-80 装甲车可以水陆两用，水上行驶时靠车后单个喷水推进器推进。当通过浪高超过 0.5 米的水障碍时，可竖起通气管不让水流进入发动机。

研发历程

20 世纪 80 年代，苏军主要的装甲人员运输车是 BTR-70。虽然与上一代的 BTR-60 相比，BTR-70 已经有了很大改善，但是 BTR-70 仍然存在双汽油发动机设计复杂、耗油量较大等问题。为此，苏联开始设计一款代号为 GAZ-5903 的装甲人员运输车。新的装甲人员运输车的总体布局与 BTR-70 相同，只是更换了新的机械设备。1984 年，在通过国家测试之后，GAZ-5903 以 BTR-80 的编号进入苏军服役。1987 年 11 月，BTR-80 装甲车在莫斯科举行的阅兵式上首次公开露面。

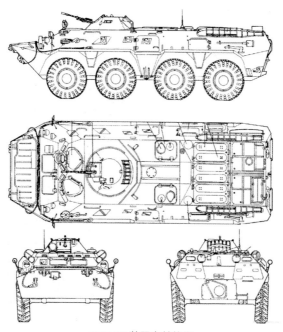

BTR-80 装甲车结构图

总体设计

BTR-80 装甲车的驾驶舱位于前部，驾驶员在左、车长在右，并装有供昼夜观察和驾驶的仪器、面板、操纵装置、电台及车内通话器等。车长位置的前甲板上有 1 个球形射孔。车长和驾驶员的后面各有 1 个步兵座位。车长的右前倾斜甲板上还有 1 个供步兵用的射孔。炮塔位于第二轴上方的车体中央位置。载员舱在炮塔之后，6 名步兵背靠背坐在当中的长椅上。

BTR-80 装甲车侧方特写

BTR-80 装甲车在水中航行

BTR-80 装甲车编队

性能解析

　　BTR-80 装甲车的炮塔顶部可 360°旋转，其上装有 1 挺 14.5 毫米 KPVT 大口径机枪，辅助武器为 1 挺 7.62 毫米 PKT 并列机枪。车内可携带 2 枚 9K34 或 9K38 "针"式单兵防空导弹和 1 具 RPG-7 式反坦克火箭筒。BTR-80 装甲车拥有防沉装置，即使车辆在水中损坏也不会很快下沉。

展览馆中的 BTR-80 装甲车

趣闻逸事

　　BTR-80 装甲车参与了阿富汗战争、塔吉克斯坦内战、卡拉巴赫战争、车臣战争、叙利亚内战等大小近十次战争。

6 TOP VBL 装甲车

VBL 装甲车是法国于 20 世纪 80 年代研制的轻型轮式装甲车，具有一定的装甲防护能力，在战场上担任的角色类似于美军"悍马"装甲车。

排名依据

VBL 车体采用高强度、高硬度装甲全焊接结构，厚度为 5 ～ 11.5 毫米，可在近距离内抵御 7.62 毫米穿甲弹的攻击，目前已被法国、希腊、墨西哥等国家采用。

研发历程

20 世纪 80 年代中期，法国军队需要一种新的步兵机械化车辆，以取代现役的老旧载具。针对这一需求，法国军队展开了"轻型装甲车辆"项目，设计一种轻型四轮装甲车。1990 年，VBL 装甲车开始批量生产，法国军队的装备数量超过 1600 辆。

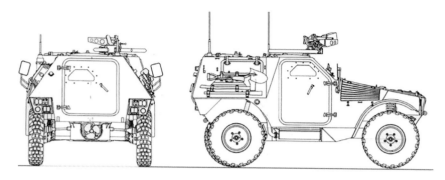

VBL 装甲车结构图

VBL 装甲车 3D 图

法国陆军的 VBL 装甲车

总体设计

VBL 装甲车车体前部共有 3 层防护层。一是车体前装甲采用大倾角设计，这很容易使穿甲弹产生跳弹。二是采用双层隔板防护设计。在发动机和变速箱之间、发动机室和乘员之间分别采用装甲隔板防护措施，即使前甲板被穿透，还有发动机和变速箱之间的第二层隔板及发动机室和乘员之间的第三层隔板的防护，这 3 层前部防护层为乘员提供了良好的正面防护。

性能解析

VBL 装甲车车顶上安装有可 360°回旋的枪架和枪盾设置，能安装多种轻／重机枪（如 FN Minimi 轻机枪、勃朗宁 M2 重机枪等）。该车重量不到 4 吨，所以具有很强的战略机动性。此外，它的体积也很小，便于空运，具有很强的可运输性。

VBL 装甲车正前方视角

趣 闻 逸 事

　　变型车型号多是 VBL 装甲车的一大特点，除装甲侦察车和装甲输送车外，还有指挥车、国内安全车、防空车、通信车、雷达车、弹药输送车、反坦克车等 20 多种型号。

5 TOP　沙漠侦察车

沙漠侦察车是美国切诺斯公司于 1991 年开始生产的轻型攻击车辆，也称为快速攻击车（FAV）。

研发历程

沙漠侦察车是美国切诺斯公司于 20 世纪 80 年代后期开始研制的轻型攻击车辆，1991 年正式开始生产，并被投入海湾战争中。在"沙漠风暴"行动中，美国海军"海豹"突击队便是乘坐沙漠侦察车进入科威特城的。沙漠侦察车不仅装备了多支美国特种部队，英国特别空勤团、荷兰海军陆战队和沙特阿拉伯特种部队等也有使用。

沙漠侦察车 3D 图

"海豹"突击队装备的沙漠侦察车

沙漠侦察车正面视角

沙漠侦察车侧面视角

总体设计

　　沙漠侦察车的驾驶员位于车前左侧，右侧是副驾驶员/射手位置，发动机后置，发动机和驾驶员中间是车长/射手位置。3名乘员的圆形靠背座椅上都没有安全带。该车的动力装置为标准2升空冷汽油发动机，最大输出功率为69千瓦，变速箱有4个前进挡和1个倒挡，手动换挡。它采用

4×2 驱动方式，快速响应式后轮驱动系统，提高了越野性能。车的底盘与防翻滚框架连成一体，采用敞开式高强度铬韧合金管型钢架焊接结构，前盖由玻璃纤维材料制成、舍弃了装甲防护，以减轻车重。

展览中的沙漠侦察车

▌▌▌▶ 性能解析

　　沙漠侦察车装有 2 挺 7.62 毫米机枪，车长位置是 1 挺 12.7 毫米 M2 重机枪或 1 挺 40 毫米 MK 19 自动榴弹发射器。此外，还可选装 30 毫米机关炮、AT-4 反坦克火箭筒、"陶"式反坦克导弹或"毒刺"地对空导弹等，也可装备现代化通信设备、夜视装置和卫星定位系统，这些设备可提高该车的作战性能，即使在漆黑的夜晚，也能保证在不开灯的情况下准确无误、迅速地驶至目的地。

趣 闻 逸 事

　　美国"海豹"突击队于 1991 年海湾战争时开始使用沙漠侦察车，"海豹"突击队乘坐侦察车快速抵达各个目的地，沙漠侦察车还一度成为"海豹"突击队的名片。

MRAP 防地雷反伏击车

　　MRAP（Mine-Resistant Ambush Protected）防地雷反伏击车是美国在 21 世纪初设计并生产的防地雷、反伏击车型，主要供美军部队在伊拉克和阿富汗战场上使用。

排名依据

　　MRAP 防地雷反伏击车既具有优秀的防弹性能，还具有良好的机动能力，这让其与车内载员在战场上的生存能力得到了极大提高。

研发历程

　　在伊拉克和阿富汗战场上，敌方武装人员使用的简单爆炸装置（IED）让美军防不胜防。IED 和地雷给美军造成了极大的伤亡，也暴露出"悍马"装甲车不能为车内人员提供足够保护的问题。因此，美军急需一种具有较高防护能力的装甲车以应对战争局势。MRAP 防地雷反伏击车项目不到 1 年就完成了概念研究，并订购了数千辆。2007 年，MRAP 防地雷反伏击车开始服役，美国普通部队和特种部队均有装备。

MRAP 防地雷反伏击车 3D 图

MRAP 防地雷反伏击车侧前方视角

总体设计

MRAP 防地雷反伏击车根据搭载人数的不同和功能分为Ⅰ型、Ⅱ型和Ⅲ型。Ⅰ型是最小和最轻的型号，又叫地雷防护功能车型，它采用Ⅴ形车身和高底盘设计，载员 6 人左右，用于城市地带和其他受限制地形条件下作战，主要作为火力小组的运送车。Ⅱ型又名爆炸物军械处理快速反应车（JERRV），用来完成车队领队、运兵以及救护等任务。Ⅱ型是部队班级部队使用的战车，载员 10 人左右。步兵班和机枪班作为快速反应部队执行任务时，一般使用Ⅱ型。同时，Ⅱ型还是一种特殊的装甲救护车，可协助完成地面医疗救援撤运任务。Ⅲ型是针对地雷和 IED 清除任务的专用战车，主要就是"水牛"扫雷清障车。

Ⅰ型防地雷反伏击车

性能解析

MRAP 防地雷反伏击车具有独特的防弹性能，并不是简单地靠加厚装甲板来提高防护能力，因为那样做会大大增加装甲车辆的重量，影响机动力。它在不同部位安装了不同防护机理的新型装甲，如车身主装甲选用高硬度钢板，而在车体次要位置则安装重量轻的陶瓷装甲乃至复合材料装甲，这些材料通常由外层陶瓷防护层及内层多层聚酸胺纤维组成。复合装甲材料的密度虽然比钢质装甲板低，但防护水平并没有太大差别。

Ⅱ型防地雷反伏击车

Ⅲ型防地雷反伏击车

趣闻逸事

　　2007 年 5 月 30 日，美国 Force Protection 公司与美国海军陆战队司令部再次签订了一项标价为 1199 万美元的防地雷反伏击车的采购合同。此次采购共 14 辆，均为"水牛"扫雷清障车。到目前为止，MRAP 项目已经耗资超过 170 亿美元，而到 2008 年年底，有近 2 万辆各型 MRAP 装备美军。

JLTV 装甲车

　　JLTV（Joint Light Tactical Vehicle，意为联合轻型战术车辆）是美国奥什科什公司设计并生产的一款装甲车，2019 年开始服役，将逐步取代 HMMWV 装甲车。

排名依据
JLTV 装甲车作为 HMMWV 装甲车取代产品，其性能与现代化程度比 HMMWV 装甲车更胜一筹也必有其过人之处。

自从 20 世纪 80 年代 AM General 公司的 HMMWV 装甲车在美军服役后，其各方面性能得到了战争的验证，尤其是越野性能，更是无与伦比，致使其他公司的同类车辆无法撼动它在美军中的地位。另外，美军为了能有更好的装甲车，同时需要加大国内军工企业的竞争，以此来获得最优秀的装备，所以在 HMMWV 装甲车服役后，仍在不断寻求新型装甲车。2008 年，奥什科什公司设计出了一款能够超越 HMMWV 的装甲车——JLTV 装甲车。

JLTV 装甲车多角度特写

总体设计

JLTV 装甲车主要分为三大类型变型车：战场感知型（BA）、力量运用型（FA）和聚焦后勤型（FL）。

战场感知型重量为 1.6 吨，可搭载 4 名乘员，配备各种用于战场感知的传感器和战术数据链，是美军未来网络中心在各种军事行动中信息交换和战场态势感知的节点和核心。

执行地雷探测任务的 JLTV 装甲车

进行爬坡测试的 JLTV 装甲车

力量运用型重量根据任务性质和装甲配备情况从 1.8 吨到 2 吨间不等。作为装甲输送车时可搭载 6 名士兵，具备一定的装甲防护能力；作为火力侦察车时可搭载 6 名士兵，主要用于装甲侦察任务，搭载有限火力；作为指挥控制车时可搭载 4 名士兵，配备大量指挥通信设备；作为近距离作战车时可搭载 4 名士兵，配备有重型装甲防护；作为重型火力作战车时可搭载 4 名乘员和 1 名火力手，配备有车载导弹发射装置和各种口径机枪。

聚焦式后勤型重量 2.3 吨，主要承担各种伴随战斗保障任务，其作为加强救护型时可装下 4 副担架；作为运输型时，可拖曳不同的后勤模块拖舱。

在林地中行进的 JLTV 装甲车

性能解析

JLTV 装甲车能够携带 2 箱 M16 系列步子弹、1 箱 M203 枪挂式榴弹、4 箱 M249 机子弹和 6 箱 MK19 榴弹发射器或 M60/M240 机枪的子弹。JLTV 装甲车还配备有防挤压变形车门，便于乘员在车辆被击毁时能迅速逃离。还有电子监视和诊断系统，可对全车的燃油、发动机进气量、冷却系统、传动系统和发动机等重要部位与系统进行监控。在防护方面，它能够抵御小型地雷、炮弹破片和火箭弹的攻击。

在高海拔地区测试的 JLTV 装甲车

2019 年 1 月，美国陆军第三步兵师第一装甲旅开始部署第一批 JLTV 装甲车，同年 3 月底共接收 500 辆。2019 年 6 月，在接受第一线官兵意见并完成改良后，美国陆军部批准 JLTV 装甲车进入全速量产阶段。

动力系统

JLTV 装甲车搭载一台 6.6 升 866T 型涡轮增压柴油发动机，最大功率为 224 千瓦。与发动机匹配的是艾利森 2500SP 六速自动变速箱。即使 JLTV 装甲车的重量超过 HMMWV 装甲车，但同样能达到 110 千米 / 时的速度，最大行程可达 480 千米。

JLTV 装甲车 3D 图

JLTV 装甲车驾驶位

JLTV 装甲车在山坡上行驶

衍生型号

名　　称	说　　明
Payload Category A	战场感知型（BA），载重 1600 千克，作为 4 人步兵巡逻车
Payload Category B	力量运用型（FA），载重 2000 千克，作为 6 人步兵巡逻车、指挥车、多机枪车
Payload Category C	聚焦后勤型（FL），载重 2300 千克，作为救护车、工程车、载货车

不同构型的 JLTV 装甲车

JLTV 装甲车涉水行驶

主要用户

国　　家	说　　明
美国	2015 年 8 月签约量产。目前估计的最终采购需求：美国陆军 49099 辆；美国海军陆战队 9091 辆；美国空军 3270 辆
斯洛文尼亚	2018 年 11 月采购 38 辆，预计 2021 ～ 2023 年交付
英国	2017 年美国国防安全合作局向美国国会告知的采购总数为 2747 辆
立陶宛	立陶宛国防部向美国政府传达可能采购 500 辆，总价 1.708 亿美元

（续表）

国　家	说　明
黑山	2019 年 10 月宣布采购 67 辆，总价 3617 万美元
比利时	比利时陆军计划采购 322 辆
葡萄牙	葡萄牙陆军计划采购 250 辆

JLTV 装甲车右侧视角

装有机枪的 JLTV 装甲车

JLTV 装甲车在高海拔地区

VBCI 步兵战车

VBCI 是法国新一代步兵战车，于 2008 年开始服役，它具备与主战坦克接近的机动性与通过性，可以由 A400M "空中客车" 运输机运输，具有良好的战略机动性。

排名依据

VBCI 步兵战车有着与主战坦克接近的机动性与越障能力，其独特的车体结构还能防御一定程度的反坦克武器的袭击，能够有效地保护车内人员的生命安全。

研发历程

20 世纪 90 年代，法国提出了新型战车的设计要求，其内容包括战车采用标准模块化保护组件，能够适应各种威胁；安装先进的 SIT 终端信息系统来实现智能化；装备先进的多传感器光电瞄准具，具有准确、快速的昼/夜作战能力等。之后法国地面武器工业集团和雷诺 VI 公司合力研发这种新型战车，并于 2005 年成功推出了 VBCI 步兵战车。

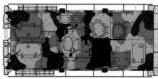

结构图

3D 图

法军士兵离开 VBCI 步兵战车

总体设计

  VBCI 步兵战车车体采用高强度铝合金制成，带有防弹片层，并装有钢附加装甲，具有良好的防护能力。车辆的结构对空心装药反坦克武器的袭击起到防护作用，这些反坦克武器在非正规部队中的使用越来越普遍。其防护水平是其他轮式步兵战车所不能相比的。

  VBCI 步兵战车上装备有光学激光防护系统，车底装有防地雷模块，并且还装有 GALIX 自动防护系统，其雷达信号和热信号特征也都得到改善。车上还可装备红外诱饵系统。

VBCI 步兵战车侧前方视角

性能解析

VBCI 步兵战车能对乘员和军队提供多种保护，可以防范 155 毫米炮弹碎片和小 / 中等口径炮弹攻击。它的铝合金焊接车体，配备有装甲碎片衬层和附加钛装甲护板，以保护反坦克武器。框结构底盘和驱动装置提供爆炸地雷的防护。该车有极强的机动性，能够在 60°前进斜度、30°侧斜度、2 米沟渠和 0.7 米梯状地带等恶劣地形区行进。此外，如果有 1 个车轮被地雷损坏，车辆能使用剩余的 7 个车轮行驶。

趣闻逸事

VBCI 装甲车是目前已公布的唯一改型的战地指挥车。另外，还有许多其他改型正在考虑中，包括工程车、迫击炮车、反坦克导弹运输车，还有一种由自动装弹机供弹的 120 毫米滑膛炮的车型。

动力系统

VBCI 步兵战车的动力装置为雷诺公司的直列 6 缸涡轮增压柴油发动机，最大功率为 410 千瓦。传动装置为全自动变速箱，带有 4 个中央差速器。转向机构为动力辅助转向，最小转向半径：正常值为 11 米，制动转向时最小可达 8.6 米。悬挂装置为液气、机械混合式。后 4 轮为驱动轮，前 4 轮为转向轮，通过前加力，可使前 4 轮也成为驱动轮，成为 8×8 的驱动形式。轮胎为 395/90 R22 低压防弹轮胎，有中央轮胎压力调节系统。

　　VBCI 步兵战车的最高速度为 100 千米 / 时，最大行程达 750 千米，越墙高度为 0.7 米，有准备时的涉水深度为 1.5 米，最大爬坡度为 31°，最大侧倾坡度为 17°。VBCI 步兵战车可由 A400M 运输机运送，具有一定的战略机动性。

VBCI 步兵战车在山区行驶

法国军队装备的 VBCI 步兵战车陷入泥沼

电子设备

　　VBCI 步兵战车堪称是"数字化步兵战车"，其核心是数字化战场管理系统（FINDER）。这套系统是"勒克莱尔"主战坦克上的成熟技术，系统中包括：SIT 信息显示终端、IFF 敌我识别系统、数字化战场地图和 PR4G 甚高频战术电台等。该系统可以迅速、准确、清晰地回答"我在哪里"、"友军在哪里"、"敌人在哪里"、"我的任务是什么"以及"车上还有多少燃料和弹药"等问题。有了这套系统，可以为上级指挥官和本车乘员提供最新战场态势及本车的战术和技术状况，使得车长指挥战斗"跟玩电脑游戏一样简单"。当然，战争是残酷的，但它至少可以将乘员从高度紧张的战场环境中解脱出来。SIT 信息显示终端可以安装一套（供车长用），也可以安装两套（供车长和炮长用）。

快速行驶的 VBCI 步兵战车

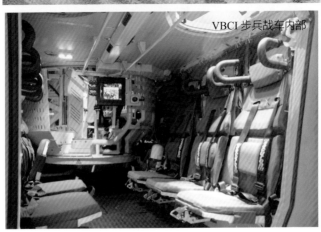

VBCI 步兵战车内部

衍生型号

名　称	说　明
VCI	步兵坦克型，配备 25 毫米火炮和 7.62 毫米机枪，可搭载 9 名乘员
VPC	指挥车型，配备 12.7 毫米机枪
VTT	部队运输车，除 2 名驾驶员外，还可运送 10 名士兵及其装备
VBCI 2	改进型，用于出口销售，换装沃尔沃 D13 涡轮增压柴油发动机

VBCI 2VBCI 步兵战车

主要用户

国　家	单　位
法国	法国陆军订购了 630 辆 VBCI 步兵战车，包括 510 辆步兵坦克型和 120 辆指挥车型
卡塔尔	2018 年 2 月签署了购买 VBCI 2 步兵战车的意向书，计划订购 490 辆

实战掠影

　　2018 年 7 月 1 日，在马里北部城市加奥，一支法军巡逻队遭到了汽车炸弹的袭击，导致 4 名平民丧生，包括 4 名法军士兵在内的 20 余人受伤，2 辆 VBCI 步兵战车遭到重创。

沙漠涂装的 VBCI 步兵战车

HMMWV 装甲车

HMMWV（高机动性多用途轮式车辆）是由美国汽车公司（AMC）于 20 世纪 80 年代设计并生产的轮式装甲车，通常称为"悍马"装甲车。

排名依据

HMMWV 装甲车具有优越的机动性、越野性、可靠性和耐久性，被世界多个国家的军队并采用，目前生产已超过 28 万辆。

研发历程

1979 年，美国汽车公司根据美国陆军在军事战略上的需求，开始研发美国陆军的专用车辆——高机动性多用途轮式车辆，以替代旧式车辆。1980 年 7 月，原型车 HMMWV XM966 在美国内华达州的沙漠地区历经各类严苛的测试后，获得美国陆军极高的评价。1983 年 3 月 22 日，美国汽车公司与美国陆军装甲及武器指挥部签订高达 120 亿美元（制造数量为 55000 辆）的生产合约。自 1985 年 1 月 2 日起，首批"悍马"装甲车开始生产，并陆续交付美国陆军使用。此后，HMMWV 装甲车的各种衍生型相继问世，逐渐形成一个大车族。

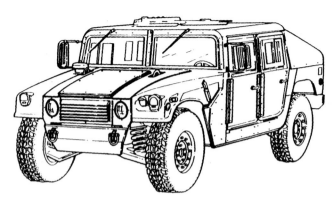

结构图

3D 图

▐▐▐▶ 总体设计

  HMMWV 装甲车使用通用电气 6.2 升 V8 自然吸气直喷柴油发动机，整个动力系统（包括传动和驱动系统）都是移植自雪佛兰皮卡。该车拥有 1 个可以乘坐 4 人的驾驶室和 1 个帆布包覆的后车厢。每个座位下面都有 1 个小型储物箱。在副驾驶座的下面则有 1 个 2×12 伏特的电池组和 1 个小储物箱，副驾驶座椅的前方还有 1 个北约制式电源插座。

HMMWV 装甲车在沙丘上行驶

性能解析

　　HMMWV 装甲车装有一台大功率柴油发动机，四轮驱动，越野能力尤为突出。4 个座椅被放置在车舱中部隆起的传动系统的两边，这样的重力分配可以保证其在崎岖光滑的路面上提供良好的抓地力和稳定性。它可以满足现代战场的全地形要求，大幅提高部队的机动能力。1991 年，HMMWV 装甲车历经海湾战争后，因优越的机动性、越野性、可靠性和耐久性而声名大噪。

HMMWV 装甲车侧前方视角

HMMWV 装甲车侧后方视角

趣闻逸事

　　HMMWV"悍马"装甲车曾出现于多部影视剧和游戏中，包括电影《黑鹰坠落》《石破天惊》，电视剧《杀戮一代》，游戏《战地风云 2》《决胜时刻：现代战争 2》等。

动力系统

　　HMMWV 装甲车整个动力系统（包括传动和驱动系统）都是移植自雪佛兰皮卡。该车采用四轮独立悬挂，搭载一台通用电气 6.2 升 V8 自然吸气直喷柴油发动机，搭配三速或四速自动变速箱，最高速度可达 113 千米 / 时。

HMMWV 装甲车内部特写

HMMWV 装甲车进气格栅特写

衍生型号

名　称	说　明
M56	涡轮发烟车，绰号"土狼"
M966	"陶"式反坦克导弹发射车
M996	迷你型野战救护车
M997	轻型野战救护车
M998	货车、运兵车
M1025	武装车辆
M1026	武装车辆
M1035	软顶野战救护车
M1036	"陶"式反坦克导弹发射车
M1037	布篷式运输车
M1038	货车、运兵车
M1042	布篷式运输车
M1043	武装车辆（附加顶部装甲）
M1044	武装车辆（附加顶部装甲）

（续表）

名　　称	说　　明
M1045	"陶"式反坦克导弹发射车（附加顶部装甲）
M1046	"陶"式反坦克导弹发射车（附加装甲）
M1069	牵引车 / 拖车
M1097	重型货车
M1109	武装车辆（附加顶部装甲）

主要用户

国　　家	说　　明
美国	约 30000 辆
阿富汗	被阿富汗军队、国民警卫队及警察所采用，共 4150 辆
埃及	共 3890 辆
以色列	约 2000 辆
黎巴嫩	共 756 辆
希腊	约 600 辆
摩洛哥	450 辆以上
哥伦比亚	约 400 辆
阿尔巴尼亚	超过 300 辆
菲律宾	共 300 辆
智利	约 220 辆
波兰	共 217 辆
立陶宛	约 200 辆
阿尔及利亚	约 200 辆
西班牙	约 150 辆
丹麦	约 100 辆
克罗地亚	主要用于驻阿富汗国际维和部队，共 85 辆

实战掠影

1989 年 12 月 19 日，美国入侵巴拿马，代号为"正义事业行动"。HMMWV 装甲车首次参加实战。在此次战役中，性能卓越的 HMMWV 装甲车表现极为优异，尤其是 12 月 20 日凌晨零时 45 分，美国陆军一支特遣队进攻至帕科拉河大桥时，他们发现了巴拿马军队精锐的"2000 营"的一个纵队正在靠近他们，于是美军特遣队迅速进行了部署，率先向巴拿马军队开火。美军首先利用 HMMWV 装甲车发射的"陶"式反坦克导弹将巴拿马军队的装甲车一辆接一辆地击毁，然后又呼叫 AC-130 攻击机的空中打击支援。在几分钟内，"2000 营"的所有装甲车都被摧毁，巴拿马军队溃不成军。此次战斗是巴拿马军队组织的唯一一次，也是最后一次能够对美军构成一定威胁的行动。

在 1991 年的"沙漠风暴"行动中，在海湾战区服役的 HMMWV 装甲车超过了 20000 辆。当时，美军最精锐的第 82 空降师和第 1 步兵师已全部换装 HMMWV 装甲车。在战斗中，HMMWV 装甲车承担了大量的人员和物资的运输任务，而配备"陶"式反坦克导弹的 HMMWV 装甲车担负了反坦克任务。有很多 HMMWV 装甲车还担负火炮牵引等任务。

HMMWV 装甲车在沙漠地区

HMMWV 装甲车在沙丘上行驶

Chapter 07

水面特战载具

　　特种部队执行任务时常需要借助陆、海、空的运输力量快速到达目标区域，水面特战载具作为特种部队载具的重要组成部分，有着不可替代的地位。本章将选取数种优秀的水面载具进行详细介绍。

 衍生型号、服役时间和生产厂商

TOP8 "野牛"级气垫登陆艇	
衍生型号	暂无
服役时间	1988 年至今
生产厂商	阿尔马兹造船厂、大海造船厂

TOP7 LCAC 气垫登陆艇	
衍生型号	C21、C22、C23、C24
服役时间	1986 年至今
生产厂商	特克斯特伦船舶系统公司

TOP6 "飓风"级巡逻艇	
衍生型号	暂无
服役时间	1993 年至今
生产厂商	美国波林格尔船厂

TOP5 CB90 快速突击艇	
衍生型号	CB90-L、CB90-HS、CB90-H、RCB-90、RAB-90
服役时间	1991 年至今
生产厂商	达克史达瓦贝特公司

TOP4 Mk V 特种作战艇	
衍生型号	暂无
服役时间	1995 年至今
生产厂商	美国霍尔特海事公司

TOP3　"斯巴达侦察兵"无人艇	
衍生型号	暂无
服役时间	尚未服役
生产厂商	雷神公司、诺斯洛普·格鲁曼公司

TOP2　"海豹"运输载具	
衍生型号	Mk6、Mk7、Mk8
服役时间	1978 年至今
生产厂商	诺斯洛普·格鲁曼公司、通用动力公司

TOP1　"短剑"高速隐形快艇	
衍生型号	暂无
服役时间	2006 年至今
生产厂商	M 船舶公司

舰体尺寸

TOP8 "野牛"级气垫登陆艇

吃水深度 1.6 米

长度 57.3 米
宽度 25.6 米

TOP7 LCAC 气垫登陆艇

吃水深度 0.9 米

长度 26.4 米
宽度 14.3 米

TOP6　"飓风"级巡逻艇

吃水深度 2.3 米

长度 55 米
宽度 7.6 米

TOP5　CB90 快速突击艇

吃水深度 0.8 米

长度 15.9 米
宽度 3.8 米

TOP4　Mk V 特种作战艇

吃水深度 1.5 米

长度 25 米
宽度 2.25 米

TOP3　"斯巴达侦察兵" 无人艇

吃水深度 0.5 米

长度 7 米
宽度 3 米

TOP2　"海豹" 运输载具

直径 1.8 米
长度 6.7 米

TOP1　"短剑" 高速隐形快艇

吃水深度 0.8 米

长度 27 米
宽度 12 米

基本作战性能数据对比

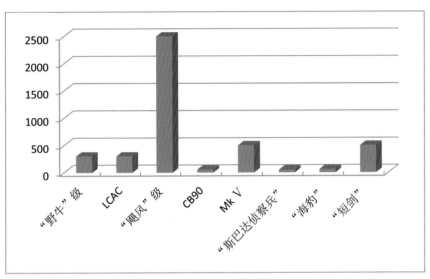

水面特战载具续航里程对比图（单位：海里）

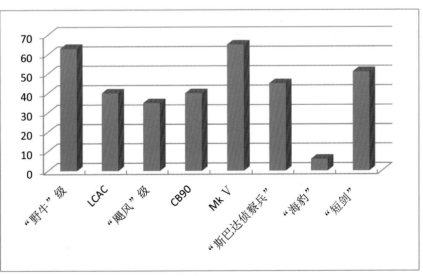

最高航速对比图（单位：节）

"野牛"级气垫登陆艇

　　"野牛"级（也称"欧洲野牛"级）气垫登陆艇是苏联于 20 世纪 80 年代设计建造的气垫登陆艇，也是目前世界上最大的气垫登陆艇，从 1988 年服役至今。

排名依据
"野牛"级气垫登陆艇采用浮桥式构造，具有良好的稳定性和耐波性。

研发历程

　　20 世纪 80 年代，位于圣彼得堡的阿尔马兹造船厂开始研制"野牛"级气垫登陆艇，并转移技术至乌克兰费奥多西亚市大海造船厂。该级艇可用于执行两栖作战时的登陆运输任务，对岸边的部队提供火力支持，同时还可运送和布置水雷。

"野牛级气垫登陆艇"3D 图

在水上急速行驶的"野牛"级气垫登陆艇

港口中的"野牛"级气垫登陆艇

总体设计

　　"野牛"级气垫登陆艇的尺寸远大于船坞登陆舰和两栖攻击舰的容纳能力，不需要任何母船搭载，完全依靠本身的续航力。该级艇有 400 平方米的面积可用装载，自带燃料 56 吨。

"野牛"级气垫登陆艇靠岸

性能解析

　　"野牛"级气垫登陆艇可运载 3 辆主战坦克，或 10 辆步兵战车加上 140 名士兵，若单独运送武装士兵则可达到 500 人。与世界上其他气垫登陆艇相比，"野牛"级的火力非常强大，装有"箭 -3M"或"箭 -2M"防空导弹系统，2 门 30 毫米 AK-630 火炮，2 套 22 管 MC-227 型 140 毫米非制导弹药发射装置，以及 20 ～ 80 枚鱼雷。

> **趣闻逸事**
>
> 　　"野牛"级气垫登陆艇是俄罗斯首次向北约国家输出的海军武器，希腊在 2000 年 1 月 24 日与俄罗斯国防出口公司签约订购首批 3 艘"野牛"级登陆艇，并于 2001 年服役。

7 TOP LCAC 气垫登陆艇

　　LCAC（Landing Craft Air Cushion）气垫登陆艇是美国于 20 世纪 80 年代研制的一款登陆艇。

> **排名依据**
>
> 　　LCAC 气垫登陆艇具有良好的机动性、通过性和两栖性，不受潮汐、水深、雷区和近岸海底坡度的限制，稍作改装后还可执行扫雷、反潜和导弹攻击等任务。

研发历程

　　20 世纪 70 年代初，许多国家的海岸防务武器不断增加和更新，传统的登陆作战方式已不能适应现代海战的需要。为了改进和提高对海军陆战队队员及其装备的运送能力，美国海军实施了两栖攻击登陆艇的研发计划，由此诞生了 LCAC 气垫登陆艇。

运输装甲车辆过程中的 LCAC 气垫登陆艇

总体设计

　　由于 LCAC 气垫登陆艇是由 JEFF 型艇为原型艇发展而来，在艇体结构、操纵系统、螺旋桨剥蚀和围裙防飞溅（如装有飞溅抑制器）等方面均有改进，因而具有理想的机动性、良好的通过性和独特的两栖性。在登陆作战时，携带气垫登陆艇的两栖舰船在远离岸边 20 ～ 30 海里时，便可让气垫登陆艇依靠自身的动力将人员和装备送上敌方滩头，从而保证了自身的安全。

LCAC 气垫登陆艇快速航行

LCAC 气垫登陆艇进入船坞登陆舰内

LCAC 气垫登陆艇驾驶舱内部

LCAC 气垫登陆艇运输装甲车

性能解析

　　LCAC 气垫登陆艇的艇体为铝合金结构，可在全世界 70% 以上的海岸线实施登陆作战。它的缺陷在于没有装甲防护，发动机和螺旋桨都暴露在外，在火力密集的条件下作战易被损坏。被运载的装备全部露天放置，恶劣天气下不利于保养。此外，噪声太大也是它的缺点，虽然沿着侧裙装有泡沫抑制器，可改善驾驶员的视野，不过在恶劣的海洋气象条件下行动仍有相当大的问题。

2004 年印尼海啸后美军 LCAC 气垫登陆艇为难民运送救灾物资

美军士兵配合 LCAC 气垫登陆艇进行战术演练

2000 年，美国泰坦公司获得 2640 万美元的固定价格合同，用于 5 艘气垫登陆艇 (LCAC) 的改装延寿。该延寿项目将使 LCAC 气垫登陆登陆艇的服役期从 20 年延长到 30 年。此次延寿改装包括维修 / 整修艇体、升级主机、安装新防护罩系统、升级通信导航系统等。延寿改装工作已于 2007 年 8 月完成。

"飓风"级巡逻艇

"飓风"（Cyclone）级巡逻艇是美国海军目前所使用的近岸巡逻艇。

排名依据
"飓风"级巡逻艇可以执行大型驱逐舰和巡洋舰执行不了的近海战斗任务，并能快速进入浅水区以保护军港和油田等重要设施。

研发历程

"飓风"级巡逻艇从 1993 年 8 月开始陆续进入美国海军服役，最后 1 艘于 2000 年服役。截至 2013 年，仍有 13 艘在美国海军服役，其中有 3 艘曾租借给美国海岸警卫队，另外 1 艘已捐赠给菲律宾海军。

"飓风"级巡逻艇编队航行

正在美国本土内河巡逻的"飓风"级巡逻艇

总体设计

  "飓风"级巡逻艇最初建造时的长度为 51.8 米，但后来为了配置艇尾发送斜坡和回收系统延长到 55 米。该级艇的主要武器包括 2 门 25 毫米"毒蛇"机炮、5 挺 12.7 毫米重机枪、2 座 40 毫米自动榴弹发射器、2 挺 M240B 通用机枪和 6 枚"刺针"防空导弹。

性能解析

  "飓风"级巡逻艇特别适合用于海上国土安全保护任务，并且适合与美国海岸警卫队联合进行海岸、港口、水道保安任务，防止恐怖分子攻击等。

快速航行的"飓风"级巡逻艇

"飓风"级巡逻艇前侧方特写

趣闻逸事

20 世纪 90 年代中期，美国特战指挥部认为"飓风"级巡逻艇艇身太大不适合用于特战任务，海军舰队又认为该艇太小不适合海军舰队使用，因此美国海军从那时开始计划淘汰"飓风"级巡逻艇，并将其进行出口。但在"9·11"事件后，"飓风"级巡逻艇取消了出口，重新得到重用，并立即用于美国本土的水道港口巡逻任务。

CB90 快速突击艇

CB90 快速突击艇是瑞典设计并制造的多功能艇，可作巡逻艇、快速攻击艇或火力支援艇。该艇可实现高速机动，适用于近海或内河沿岸的快速两栖登陆作战。

排名依据
CB90 快速突击艇的机动性极强，能够高速急转弯，也能够从最高航速迅速减速至完全停止。

研发历程

由于瑞典海军规模与实力有限，主要战场只能设定在瑞典海岸，但又因瑞典复杂绵长的峡湾地形极易被敌方渗透，所以海岸线巡逻和濒海特种作战显得尤为重要。瑞典从 20 世纪 60 年代开始就着重发展小型高速艇，用以执行海岸线巡逻和特种作战，早期的 Tpbs-200 运输快艇无论是速度还是隐身性都无法满足新时期的特种作战需求。1988 年，瑞典国防装备管理局（FMV）公开了新快艇的设计需求，达克史达瓦贝特公司竞标成功，于1989 年建造 2 艘实验艇交付瑞典海军，赢得了瑞典海军的高度评价，命名为 CB90 快速突击艇，并从 1990 年开始陆续下了 120 艘的订单。

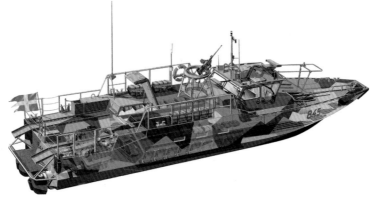

CB90 快速突击艇结构图

停靠在海岸的 CB90 快速突击艇

CB90 快速突击艇编队航行

总体设计

CB90 快速突击艇的艇体采用铝合金制造，船型为典型的单船体滑行艇，船体倾斜度为 20°，适合高速滑行。驾驶舱为 2 人驾驶，另有可加 1 名指挥官的位置。艇体尾部为水密结构，设有 1 个可容纳 20 名全副武装的士兵的船舱，或装载 2.8 吨货物。该艇有 1 个大的辅助登陆的前向舱门，艇上还载有 4 艘充气艇，每艘充气艇可搭载 6 人。

性能解析

CB90 快速突击艇的艇首有 1 挺 12.7 毫米机枪，艇体中部的武器架可布置 12.7 毫米机枪或 40 毫米榴弹发射器，由驾驶舱内遥控发射。此外，CB90 快速突击艇还可以使用半自动激光制导的 RBS 17 "地狱火"舰对舰导弹，以及水雷（4枚）和深水炸弹（6 枚）。

快速航行的 CB90 快速突击艇

高速航行的 CB90 快速突击艇

趣 闻 逸 事

　　在游戏《战地 4》中，CB90 快速突击艇的改型 RCB-90（其艇身两侧各装有 1 架 M134 机炮）于 2013 年以美国海军陆战队攻击快艇的身份出现。

4 TOP　Mk V 特种作战艇

　　Mk V（或称 Mark V）特种作战艇是美国海军特种作战司令部配备的

特种作战艇，1995 年 9 月开始服役，主要装备美国海军辖下的特种部队。

排名依据

　　Mk Ⅴ 特种作战艇航速极快，具有较高的机动性，其大小还能够使用 C-5"银河"运输机进行快速空运部署。

研发历程

　　1994 年，Mk Ⅴ 特种作战艇在美国海军的选型试验中胜出，次年开始装备美国海军特种部队。Mk Ⅴ 特种作战艇执行中等距离的特种部队渗透和撤离任务，并能在威胁相对较小的区域执行海岸巡逻和封锁任务。在执行任务时，该艇需要 5 名"特战快艇运载员"（SWCC）进行操作。

3D 图

高速航行的 Mk Ⅴ 特种作战艇

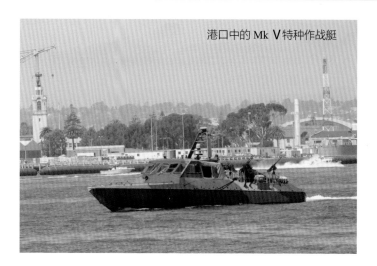

港口中的 Mk V 特种作战艇

总体设计

Mk V 特种作战艇为铝质船体，可搭载 16 名全副武装的特种部队成员，满载排水量为 57 吨。艇上还带有 4 艘突击战斗橡皮艇。该艇可使用的武器种类较多，包括 12.7 毫米 Mk 46 Mod 4 机枪、25 毫米"大毒蛇"机炮、40 毫米 Mk 19 榴弹发射器和"毒刺"导弹等。该艇的电子设备主要有"古野"导航雷达和 APX-100（V）敌我识别器等。

Mk V 特种作战艇侧面视角

⫸ 性能解析

　　Mk Ⅴ 特种作战艇分遣队一般包括 2 艘小艇和保障装备，可由 2 架
C-5"银河"运输机在接到通知后 48 小时内进行部署，分遣队的装备可以
在现有的铁路上进行运输。一般来说，Mk Ⅴ 特种作战艇执行的特种作战任
务时间会持续 12 小时，它可与沿海巡逻艇和硬质充气艇协同行动。这些舰
艇可以从前沿基地出发，对目标实施快速攻击。

高速航行的 Mk Ⅴ 特种作战艇

趣闻逸事

　　2013 年 7 月 9 日，沙特皇家海军用 12 亿美元购买 30 艘 Mk Ⅴ 特种作战艇，
包括相关设备、零件、培训和后勤支持等。这 30 艘艇用来保护其海上基础设施
和沿岸水域的安全。

"斯巴达侦察兵"无人艇

"斯巴达侦察兵"无人艇是美国海军研发测试的无人艇。

　　"斯巴达侦察兵"无人艇比有人驾驶的快艇航速快得多，而且还可以在夜间行动，可执行沿海地区反潜、反水雷、防御鱼雷、情报收集、监视和侦察等任务。

研发历程

　　"斯巴达侦察兵"无人艇的前期技术概念演示项目启动于 2002 年，同时有法国、新加坡参加。从事此项目工作的厂商包括雷神公司和诺斯洛普·格鲁曼公司。目前，该艇在技术上已具备无人自主控制能力，并能根据需求按模块化方式更替任务模块。

美军士兵遥控操作"斯巴达侦察兵"无人艇

总体设计

　　"斯巴达侦察兵"无人艇是一种既可遥控也可自动运行的高速无人艇。它将使用现有的高速船——7 米或 11 米长的硬壳平底船，并在这些船上集成防御系统和武器系统。该无人艇可携载 1180～2268 千克的有效负荷。

快速航行的"斯巴达侦察兵"无人艇

性能解析

"斯巴达侦察兵"无人艇的配置包括：电光／红外搜索转塔、水面搜索雷达、电子成像传输装置及无人水面舰艇指挥控制装置。它能满足海军部队的需要，可为海军部队提供保护。

"斯巴达侦察兵"无人艇还可以通过升级用于水雷探测或反潜战。如果装备"海尔法"或"标枪"导弹，就可以攻击其他海上舰艇或执行对海岸的精确打击。除此之外，"斯巴达侦察兵"无人艇与其他的无人系统不同，它能向飞机、舰艇和潜艇传输通信信号。

> **趣闻逸事**
>
> 目前，"斯巴达侦察兵"无人艇已部署在美国海军"葛底斯堡"号导弹巡洋舰（舷号：CG-64，属于"提康德罗加"级导弹巡洋舰）上进行实战测试，曾参加海湾地区的"持久自由"等作战行动。

② TOP "海豹"运输载具

"海豹"运输载具（SEAL Delivery Vehicle，SDV）是美国研制的一种小型水下推进器，方便美国海军"海豹"突击队在大型潜艇吃水不足、无法靠岸的情况下快速登陆。

研发历程

在"海豹"运输载具尚未问世时，美军核潜艇要想将特种部队投放到敌方海岸，就必须冒险潜伏到距离对方海岸线非常近的潜水区域，极易暴露。"海豹"运输载具于 20 世纪 70 年代中期研制成功，目前在役的主要是 Mk 8 型，此前的 Mk 6 型、Mk 7 型和 Mk 11 型均已退役。"海豹"运输载具可搭载 4 名"海豹"队员，他们完全依靠水下呼吸器呼吸，其主要任务是水文地形勘测、

搜索侦察及有限的直接作战。由于"海豹"运输载具是敞开式结构，为了航渡需要，美国还研制了配套的干式甲板换乘舱（DDS）。有了两者的配合，美军核潜艇就可以在比较安全的位置投放特种部队，即使被发现或遭到攻击，也不影响核潜艇的自卫能力。

3D 图

"海豹"运输载具正面视角

"海豹"突击队员在水下操纵"海豹"运输载具

"海豹"运输载具在水下执行任务

总体设计

　　"海豹"运输载具在使用核潜艇搭载时，要与核潜艇上安装的 DDS 配合使用。因为 DDS 自身没有动力，也需要依靠核潜艇搭载。在搭载时，DDS 以对接的方式单独或 2 艘并列固定在经过改装的核潜艇指挥台围壳后方。对于"海豹"运输载具来说，DDS 就像是移动式的车库。由于"海豹"队员在部署时，从核潜艇内部出舱到做好战斗准备需要较长时间，在一些情况下，为了能够在核潜艇抵达预定位置之后迅速行动，"海豹"队员不得不在核潜艇出航之后就浸泡在冰冷的海水中。为了维持战斗力，"海豹"队员登陆后的第一件事往往是给自己的身体加温。DDS 在很大程度上解决了这个问题。

"海豹"运输载具内部

 性能解析

　　"海豹"运输载具与 DDS 配合使用的过程比较烦琐。首先要在基地将
DDS 安装并对接在核潜艇背部，同时还要进行水密性、气密性及各种电子
与支援设备的测试。这一过程大概需要 3 天时间。与此同时，"海豹"运
输载具也要进行类似的测试并且充电。对接和测试完成后，"海豹"运输
载具才能被装入 DDS 的装载舱内进行部署。核潜艇到达指定位置、部署"海
豹"运输载具时，也需要经过同样烦琐的检查，整个过程需要将近 1 个小时。
尽管还有很多不便，但是这种外挂式的使用方式十分适合核潜艇使用。

TOP 1 "短剑"高速隐形快艇

"短剑"快艇是美国海军设计并建造的高速隐形快艇,编号为 M80,2006 年 1 月下水,主要装备美国海军特种部队,用于近海作战。

排名依据
"短剑"快艇艇体材料强度高、重量轻,不仅航行速度快,还能在很浅的水域航行,在安装电子监控设备和武器后能出色地完成特种作战任务。

研发历程

"短剑"快艇由 M 船舶公司建造,旨在对美国国防部的近海作战概念进行试验。2006 年下水之后,美国海军远征作战司令部已经对无人系统、固态雷达、360°红外传感器、全动态视频系统及指挥控制显示器进行了评估。作为专门输送特种兵的新概念装备,"短剑"快艇将大大提高美军近海输送和作战能力。2013 年 2 月,英国也使用"短剑"快艇作为试验平台,对无人机系统设备和技术进行能力演示,以提高小型舰艇作战时的态势感知能力。

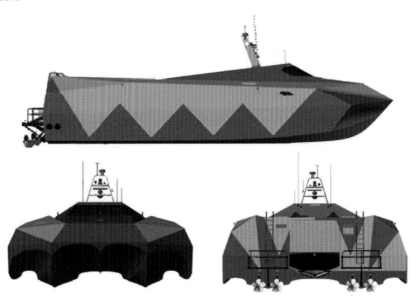

三视图

"短剑"快艇正面视角

港口中的"短剑"快艇

总体设计

　　"短剑"快艇采用碳纤维材料制造，与 F-35 和波音 787 客机的材料类似，是美国有史以来采用碳纤维材料制造的最大的海军舰艇。这种材料强度高、重量轻，比起铝合金或钢材，更能够增加舰艇的有效载荷和运载作战物资的能力，提高燃油效率和减少舰艇维护工作量。另外，碳纤维材料中间用复合泡沫材料填充，能大大减少舰艇的红外线特征。它的干舷较低。

除桅杆外，舰艇表面基本上没有别的裸露装备。舰桥和武器装备都在船体内，整艘快艇的可视信号特征较小。

"短剑"快艇后方视角

性能解析

　　"短剑"快艇的设计不但使其获得了高航速，也使其在行驶过程中的稳定性更强，高速行驶中的颠簸现象大大减轻，乘坐的舒适度和安全性得到提高。驾驶"短剑"快艇只需 3 名船员，它一次能够运载 12 名全副武装的"海豹"突击队员和 1 艘长 11 米的特种作战性充气艇，还能够搭载 1 架小型无人机。

高速航行的"短剑"快艇

　　"短剑"快艇拥有美国使用碳纤维合成材料一次成型制造的最大船体，整个生产过程中没有使用 1 枚钉子、铆钉，而且不用焊接，因此它的外表十分光滑。船体采用隐身构造，并采用隐形材料制造船壳，不易被雷达发现。"短剑"快艇允许空气和水从下面流过，从而减少阻力并产生上升力，最快速度可达 51 节。

　　"短剑"快艇目前被海岸防卫与"海豹"突击队特种作战使用，其甲板上还可起降无人直升机。

Chapter 08

空中特战载具

特种部队所使用的空中特战载具具有机动性高、受地形干扰程度低等特点,特种部队通过空中载具可以到达陆地上任何一个地方,因此空中特战载具从特种部队诞生之日起就一直被其广泛使用。

整体展示 ●

衍生型号、服役时间和生产厂商

TOP10 AH-6/MH-6 "小鸟" 直升机	
衍生型号	AH-6I、MH-6X
服役时间	1966 年至今
生产厂商	休斯直升机公司（现为波音公司）

TOP9 MH-53 "低空铺路者" 直升机	
衍生型号	MH-53E、MH-53H、MH-53J、MH-53M
服役时间	1966 年至今
生产厂商	西科斯基公司

TOP8 米-28 "浩劫" 直升机	
衍生型号	米-28H
服役时间	1989 年至今
生产厂商	俄罗斯米里设计局

TOP7 A129 "猫鼬" 直升机	
衍生型号	A129 国际型
服役时间	1990 年至今
生产厂商	阿古斯塔公司

TOP6 米-24 "雌鹿" 直升机	
衍生型号	米-24A、米-24B、米-24C
服役时间	1973 年
生产厂商	俄罗斯米里设计局

TOP5　卡-52 "短吻鳄"直升机	
衍生型号	暂无
服役时间	1996 年至今
生产厂商	卡莫夫设计局（现为俄罗斯直升机公司）

TOP4　"虎"式直升机	
衍生型号	HAP、UHT、HAC、HAD
服役时间	2003 年至今
生产厂商	欧洲直升机公司

TOP3　MH-60 "黑鹰"直升机	
衍生型号	MH-60A、MH-60K、MH-60L
服役时间	1979 年至今
生产厂商	西科斯基公司

TOP2　MH-47 "支奴干"直升机	
衍生型号	MH-47D、MH-47E、MH-47G
服役时间	1963 年至今
生产厂商	波音公司

TOP1　MV-22 "鱼鹰"倾转旋翼机	
衍生型号	MV-22B
服役时间	2007 年至今
生产厂商	贝尔直升机公司、波音公司

机身尺寸

TOP10　AH-6/MH-6 "小鸟" 直升机

旋翼直径 8.3 米

机身长度 9.94 米
机身高度 2.48 米

TOP9　MH-53 "低空铺路者" 直升机

旋翼直径 21.9 米

机身长度 28 米
机身高度 7.6 米

TOP8　米-28 "浩劫" 直升机

旋翼直径 17.2 米

机身长度 17.01 米
机身高度 3.82 米

TOP7　A129 "猫鼬" 直升机

旋翼直径 11.90 米

机身长度 12.28 米
机身高度 3.35 米

TOP6　米-24 "雌鹿" 直升机

旋翼直径 17.3 米

机身长度 17.5 米
机身高度 6.5 米

TOP5　卡-52 "短吻鳄" 直升机

旋翼直径 14.43 米

机身长度 15.96 米
机身高度 4.93 米

TOP4 "虎"式直升机

旋翼直径 13 米

机身长度 14.08 米
机身高度 3.83 米

TOP3 MH-60 "黑鹰"直升机

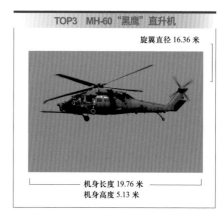

旋翼直径 16.36 米

机身长度 19.76 米
机身高度 5.13 米

TOP2 MH-47 "支奴干"直升机

旋翼直径 18.3 米

机身长度 30.1 米
机身高度 5.7 米

TOP1 MV-22 "鱼鹰"倾转旋翼机

旋翼直径 14 米

机身长度 17.5 米
机身高度 11.6 米

 # 基本作战性能数据对比

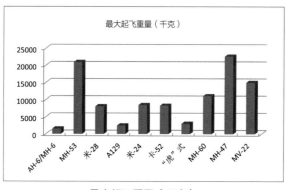

最大起飞重量（千克）

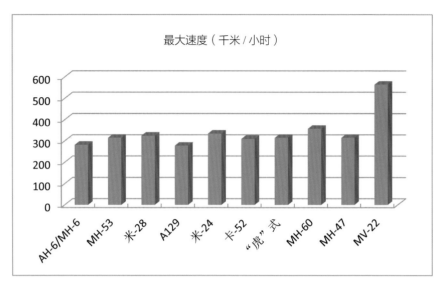

最大速度（千米/小时）

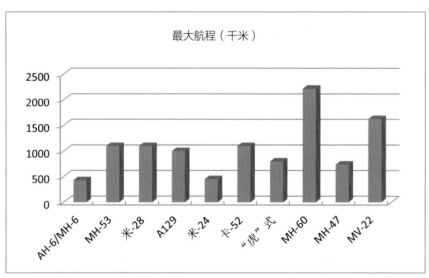

最大航程（千米）

AH-6/MH-6 "小鸟" 直升机

AH-6/MH-6 "小鸟" 直升机是美国休斯直升机公司（1985 年并入麦克唐纳·道格拉斯公司，后又并入波音公司）研制的轻型直升机，主要用户为美国陆军。

排名依据
"小鸟" 直升机外形小巧，具有低噪声、低红外成像的特点，用途非常广泛，深受美国特种部队的喜爱。

研发历程

1960 年，美国陆军提出轻型观察直升机计划（LOH），休斯直升机公司、贝尔直升机公司和希勒飞机公司参与招标。2 年后，休斯直升机公司制造了 5 架 OH-6A 原型机与贝尔直升机公司的 OH-4A 和希勒飞机公司的

OH-5A 进行竞标。1965 年 2 月 26 日，休斯直升机公司的 OH-6A 在竞标中获胜。1966 年 9 月，被命名为"印第安种小马"的 OH-6A 开始交付。20世纪 70 年代后期，为使轻型直升机也能具备一定的打击能力，休斯直升机公司又在 OH-6A 的基础上发展出 AH-6 武装直升机和 MH-6 轻型突击直升机，均被美国陆军称为"小鸟"。

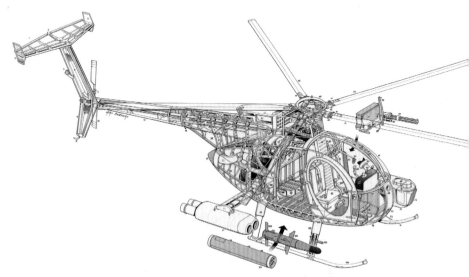

"小鸟"直升机结构图

▎▎▎▶ 总体设计

最初的 AH-6 和 MH-6 是以 OH-6A 为基础改良而来，后期的版本则是以民用的 MD 500E 为发展蓝本，而 MH-6M 则是以 MD 530F 为基础。

AH-6 全身以无光黑色涂料涂装，这也强调了使用它的单位偏爱借着黑夜的掩护执行特战任务。AH-6 安装了"黑洞"红外压制系统，为了安置这套系统，原来单个纵向排列的排气口被塞住，改为机身后部两侧 2 个扩散的排气孔。为了便于运输，AH-6 的尾梁可折叠。MH-6 的外形与 AH-6 基本相同，只不过它是用于搭载人员作战的，因此不能加装武器系统。

搭乘"小鸟"轻型直升机作战的美军特种兵

美国陆军特种兵借助"小鸟"轻型直升机降落楼顶

"小鸟"轻型直升机起飞

 性能解析

作为一款轻型攻击平台，AH-6 机身左侧装有 XM27E/M134 "加特林"机枪，右侧装有 M260 7 管 69.85 毫米折叠式尾翼空射火箭舱。在机舱内可选装油箱，容量为 110 升或 236 升。

AH-6 系列的发动机有多种型号，从 AH-6C 使用的 309 千瓦的艾里逊 250-C20B 涡轮轴发动机，到 AH-6M 使用的 478 千瓦的艾里逊 250-C30R/3M 发动机，均有不俗的动力性能。MH-6 可搭载最多 6 名士兵执行快速反应和特种任务。为了执行特种任务，MH-6 还装备了滑降索、软梯和绞盘。

趣闻逸事

波音公司于 2008 年 10 月在美国陆军协会的年度会议上正式宣布了 AH-6 轻型攻击／侦察直升机计划。针对不同用户的需求，这项计划又细分为 AH-6S 型和 AH-6i 型，前者主要满足美国陆军的需求，并特意命名为 "凤凰"，意喻历经考验而重生；后者主要供出口，满足其他国家军队的作战需求。2009 年 9 月 16 日，AH-6i 型直升机成功完成首飞。

MH-53 "低空铺路者"直升机

　　MH-53 "低空铺路者"直升机是 CH-53 "海上种马"直升机的特种作战衍生型，主要有 MH-53E、MH-53H、MH-53J、MH-53M 等型号。

排名依据
MH-53 "低空铺路者"直升机是为低空、远程行动设计的特种作战直升机，可以全天候操作，并可以进行秘密渗透和空中加油。

研发历程

　　CH-53 直升机是根据美国海军提出的空中运输直升机要求研制的，主要用于突击运输、舰上垂直补给和运输。该机于 1962 年 8 月开始研制，1964 年 10 月首次试飞，1966 年 6 月开始交付。20 世纪 80 年代，西科斯基公司在 CH-53E 的基础上改进出 MH-53E，1983 年开始服役。此后，又陆续出现了 MH-53H、MH-53J、MH-53M 等型号。其中，MH-53J 用于执行低空远程、全天候突击任务，主要为特种部队渗透作战提供机动和后勤保障。在"沙漠风暴"行动开始之前，MH-53J 运送特种兵和 AH-64 协同潜入伊拉克，一举摧毁了伊军早期预警雷达，在敌防空网中为盟军打开了一条空袭通道。

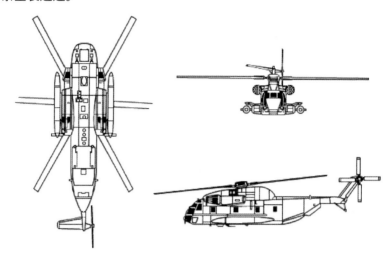

MH-53"低空铺路者"直升机三视图

MH-53"低空铺路者"直升机正面视角

MH-53 "低空铺路者"直升机低空飞行

总体设计

　　MH-53E 由 CH-53E 改进而来，机体重量增大，载油量也增加，改用 3 台通用电气公司的 T64-GE-416 涡轮轴发动机。MH-53J 改用 2 台通用电气公司的 T64-GE-100 发动机，为适应低空、全天候渗透任务，装备了地形跟踪回避雷达和前视红外夜视系统，并装有任务地图显示系统。此外，MH-53J 还装备了惯性全球定位系统、多普勒导航系统、任务计算机。借助这些设备，MH-53J 能准确地自行导航和进入目标区域。

性能解析

　　MH-53 "低空铺路者"直升机以航空母舰、两栖攻击舰或其他战舰为基地执行运输任务，一次能够运送 55 名士兵或 16 吨有效载重飞行 90 千米，或运载 10 吨有效载重飞行 900 千米。执行扫雷任务时，MH-53 "低空铺路者"直升机可拖带 1 个综合多功能扫雷系统，外形似一条双体小船，携带有多种探雷设备和扫雷器械，包括 Mk 105 扫雷滑水撬、ASQ-14 侧向扫描声呐、Mk 103 机械扫雷系统。该机装备有必要的自卫武器，包括反坦克武器、7.62 毫米机枪或 12.7 毫米机枪吊舱。

仰视 MH-53"低空铺路者"直升机

MH-53"低空铺路者"直升机在空中加油

趣 闻 逸 事

MH-53"低空铺路者"直升机在早期时因其大型绿色机身，而被昵称为"超级快乐绿巨人"，此名字来自体型较小的 HH-3E 直升机（其昵称为"快乐绿巨人"）。

米-28"浩劫"直升机

　　米-28直升机是苏联研制的单旋翼带尾桨全天候武装直升机，北约代号"浩劫"。

排名依据

　　米-28"浩劫"直升机的重要系统和关键部件都采用了双重设计，随时可替换使用。它的机身横截面小，有助于提高灵活性和生存能力。旋翼叶片上有丝状玻璃纤维包裹，发动机和油箱都有周到的防护措施。

研发历程

　　米-28"浩劫"直升机于1972年开始设计，1982年11月首次试飞。由于设计思维大量借鉴了美国AH-64"阿帕奇"武装直升机，因此被西方国家戏称为"阿帕奇斯基"。1989年，米-28"浩劫"直升机在法国的国际航空展上首次亮相，显示出AH-64直升机所没有的优越机动性能，引来了军事专家的惊叹。虽然米-28"浩劫"直升机的综合性能受到俄罗斯军队的高度肯定，但苏联解体之后的俄罗斯缺乏足够的经费，因此很长一段时间未能大量订购。

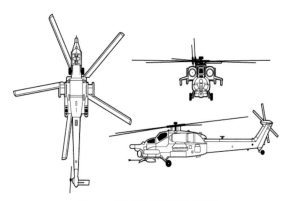

米-28"浩劫"直升机三视图

米-28"浩劫"直升机高空飞行

米-28"浩劫"直升机正面视角

总体设计

米-28"浩劫"直升机的机身为传统的全金属半硬壳式结构，较细长。驾驶舱为纵列式前后布局，四周配有完备的钛合金装甲。前驾驶舱为领航员/射手，后面为驾驶员。驾驶舱装有无闪烁、透明度好的平板防弹玻璃。座椅可调高低，采用了能吸收撞击能量的座椅，座椅两侧和后方均装有防护装甲，风挡和座舱之间的隔板均采用防弹玻璃。

米-28"浩劫"直升机编队

性能解析

米-28"浩劫"直升机的主要武器为机头下方炮塔内的1门改进型2A42型30毫米机炮，备弹300发。该机的短翼挂架上总共可吊挂16枚AT-6无线制导反坦克导弹（或最新型的16枚AS-14反坦克导弹），以及2个20枚57毫米或80毫米火箭的火箭巢。此外，米-28"浩劫"直升机的尾部还装有红外照相弹和箔条弹。

低空飞行的米-28"浩劫"直升机

趣闻逸事

　　在游戏《决胜时刻：现代战争 3》中，米 -28 直升机出现的型号为米 -28H，被受控于极端民族主义党的俄罗斯联邦武装力量陆军航空兵部队使用，机上装有 2A42 机关炮与 9M120 空对空导弹，在剧情模式于特别行动模式中对美国陆军"游骑兵"部队实施空中打击，在游戏中可被 FN SCAR 突击步枪、M240 通用机枪、M203 榴弹发射器、FIM-92"毒刺"便携式防空导弹等武器击落。

A129"猫鼬"直升机

　　A129"猫鼬"直升机是意大利研制的武装直升机，也是欧洲国家较早参加实战的武装直升机。目前，"猫鼬"直升机是意大利陆军航空兵的主战直升机，并已出口土耳其。

排名依据
A129"猫鼬"直升机具有完善的全天候作战能力，装有 2 台电脑控制的综合多功能火控系统，以及霍尼韦尔公司的前视红外探测系统，非常适合特种部队作战使用。

研发历程

　　20 世纪 60、70 年代，美军在越南的作战已经显示出直升机的重要性。为满足意大利陆军对专用轻型反坦克直升机的需求，阿古斯塔公司于 1978 年开始研制 A109A 武装直升机。但意大利军方认为 A109A 武装直升机不能完全满足要求，于是阿古斯塔公司研制出全新的 A129 "猫鼬"武装直升机。1990 年 10 月 6 日，首批 5 架 "猫鼬"直升机交付意大利陆军航空兵训练中心。

　　为了能在国际市场占据一席之地，阿古斯塔公司又推出 A129 国际型。这是一款多用途直升机，可以执行武装侦察、监视、地面目标定位、搜救、火力支援和压制。目前，A129 国际型直升机已被土耳其引进，并重新命名为 T129 武装直升机。

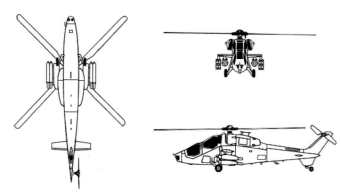

A129 "猫鼬"直升机三视图

A129 "猫鼬"直升机编队飞行

▍▍▍▶ 总体设计

　　A129"猫鼬"直升机采用武装直升机常用的布局，纵列串列式座舱，副驾驶 / 射手在前，飞行员在较高的后舱内，均有坠机能量吸收座椅。机身装有悬臂式短翼，为复合材料，位于后座舱后的旋翼轴平面内。每个短翼装有 2 个外挂架，可外挂 1000 千克的武器。采用抗坠毁固定式后 3 点起落架。机身采用铝合金大梁和构架组成的常规半硬壳式结构。中机身和油箱部位由蜂窝板制成。复合材料占整个机身重量（发动机重量除外）的 45%，占空重的 16.1%，主要用于机头整流罩、尾梁、尾斜梁、发动机短舱、座舱盖骨架和维护壁板。

土耳其 A129 武装直升机

▍▍▍▶ 性能解析

　　A129"猫鼬"直升机在 4 个外挂点上可携带 1000 千克外挂物，通常携带 8 枚"陶"反坦克导弹、2 挺机枪（机炮）或 81 毫米火箭发射舱。另外，"猫鼬"直升机也有携带"毒刺"空对空导弹的能力。动力装置方面，采用 2 台罗尔斯·罗伊斯 Gem 2 Mk 1004D 发动机，每台额定功率 772 千瓦。

A129"猫鼬"直升机的机头特写

趣闻逸事

A129"猫鼬"直升机于 20 世纪 90 年代初装备于意大利陆军，并伴随着意大利军队参与索马里行动、科索沃战争等军事行动。这些经历也成功说服意大利陆军追加订购了 15 架新型多用途 A129 战斗（CBT）型直升机。

米-24"雌鹿"直升机

米-24 直升机是米里设计局设计的苏联第一代专用武装直升机，北约代号"雌鹿"。该机不但具有强大的攻击火力，还有一定的运输能力。

排名依据

米-24 的作战任务主要为压制敌方地面部队和防空火力，并且能够运输少量步兵进行战术作战。1975 年，一位女机师用米-24 直升机创下了最快爬升、最快速度、最高高度的直升机世界纪录。

研发历程

1968 年，苏军提出了米-24 直升机的设计要求，由米里担任总设计师。米-24 直升机于 1969 年首次试飞，1971 年设计定型，1972 年底投入批量生产，1973 年开始装备部队使用。因为外形轮廓、迷彩纹路与鳄鱼相似，苏联飞行员称其为"飞行战车"或"鳄鱼"。除了俄罗斯，米-24 直升机还出口到了 30 多个国家，包括阿富汗、阿尔及利亚、安哥拉、印度、伊拉克、利比亚、尼加拉瓜、越南、也门等。米 -24 直升机拥有丰富的作战经验，服役后参加了多场局部战争或冲突。

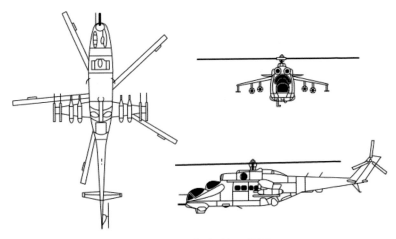

米 -24 "雌鹿" 直升机三视图

总体设计

米 -24 机身采用全金属半硬壳式结构，驾驶舱为纵列式布局。驾驶员坐在后舱，射手坐在前舱。驾驶员和射手的座椅均为装甲座椅。后座椅比前座椅高，以改善驾驶员的视野。主舱设有 8 个可折叠座椅，或 4 个长椅，可容纳 8 名全副武装的士兵。驾驶舱前部为平直防弹风挡玻璃，重要部位装有防护装甲。舱内备有加温和通风装置。

米-24"雌鹿"直升机高空飞行

性能解析

　　米-24 机头下方装有 1 挺 12.7 毫米 4 管"加特林"机枪，短翼翼尖武器挂架可挂 4 枚 AT-2"蝇拍"反坦克导弹，短翼翼下武器挂架可携带 UV-32-57 火箭发射器，每个火箭发射器可装 32 枚 57 毫米火箭弹。米-24 的机身装甲很强，可以抵挡 12.7 毫米子弹的攻击。驾驶员和射手的座椅均为装甲座椅，前两个机舱还有加压措施，可有效防止生化武器的攻击。另外，米-24 的旋翼也可以抗击 12.7 毫米子弹的射击。

米-24"雌鹿"武装直升机起飞

米 -24 "雌鹿"武装直升机在低空飞行

趣闻逸事

　　1998 年 3 月 1 日晚（科索沃战争期间），一架塞尔维亚特种部队的米 -24 "雌鹿"直升机因被小口径武器击中而迫降，但是敌人依然被特种部队队员成功击退。1998 年 6 月，4 架米 -24 直升机支援塞尔维亚特种部队，帮助 100 名警察和平民成功从敌人的封锁区逃走。

TOP 5 　卡 -52 "短吻鳄"直升机

卡 -52 "短吻鳄"直升机是俄罗斯在卡 -50 "黑鲨"直升机的基础上改

进而来的全天候武装直升机，作为尖端装备，主要提供给精锐特种部队使用。

研发历程

20世纪90年代后期，俄罗斯军队认为卡-50直升机急需一架能为其提供战场情报、进行协调与控制的保障机，以便更好地发挥威力。于是，能够提供各种情报、进行战场控制的双座型卡-52武装直升机应运而生。1996年11月，卡-52"短吻鳄"直升机首次公开展出，并命名为"短吻鳄"。尽管卡-52"短吻鳄"直升机的总体性能高于米-28直升机，但由于操作和维护复杂，而且价格昂贵，导致卡-52直升机一直无法大量装备部队。

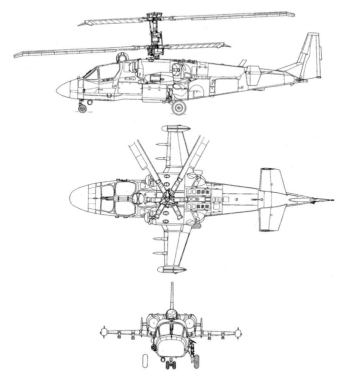

卡-52"短吻鳄"直升机三视图

卡 -52 "短吻鳄" 直升机高空飞行

▶ 总体设计

卡 -52 "短吻鳄" 直升机最显著的特点是采用并列双座布局的驾驶舱，而非传统的串列双座。这种设计是根据现代武装直升机的驾驶需要和所担负的战斗任务而确定的。其优点是 2 人可共用某些仪表、设备，从而简化了仪器操作工作，使驾驶员能集中精力跟踪目标，最大限度缩短做出决定的时间。2 名飞行员各有 1 套操纵系统，必要时任何一名飞行员都可承担驾驶直升机或控制武器的任务。卡 -52 "短吻鳄" 直升机的弹射座椅也是 K-37-800 型，2 名飞行员可同时弹出，整套救生程序与卡 -50 直升机相同。

卡 -52 "短吻鳄" 直升机编队飞行

性能解析

　　卡 -52 "短吻鳄" 直升机的武器系统与卡 -50 直升机相似， 装有 1 门不可移动的 23 毫米 KII-23JI 型机炮，备弹 280 发。短翼下的 4 个武器挂架能挂载 12 枚 "旋风 -M" 超音速反坦克导弹，也可安装 4 具 B-8B20A 火箭发射巢，每个火箭巢可带 20 枚 80 毫米直径的 C-8 非制导航空火箭。这些火箭可带各种战斗部，如爆破弹、照明弹等。

卡 -52 "短吻鳄" 直升机进行特技飞行

趣闻逸事

2015 年巴黎航展上，俄罗斯国防出口公司代表团团长科尔涅夫表示，俄方已经签署了第一份卡 -52 "短吻鳄" 直升机的出口合同。但购买卡 -52 "短吻鳄" 直升机的国家尚未公布，但据此前的消息透露，可能是阿塞拜疆、白俄罗斯或哈萨克斯坦中的一个，因为在 2013 年的巴黎航展时俄方就曾称上述 3 个国家有意购买卡 -52 "短吻鳄" 直升机。

动力系统

卡 -52 直升机装有 2 台圣彼得堡克里莫夫科学生产联合体生产的 TB3-117BMA 型涡轴发动机，单台功率为 1660 千瓦。两台发动机位置隔得较远，这样就减少了两台发动机同时被敌方击毁的可能性，从而可提高生存力。进气罩装有防沙尘装置。排气口装有红外抑制器，可降低发动机的红外辐射水平。卡 -52 直升机安装的 BP-80 型减速器，还能保证发动机功率的进一步提升。尽管卡 -52 直升机与卡 -50 直升机的两台发动机一样，但因设置了第二乘员位置，并安装了补充设备，所以其飞行性能要比卡 -50 直升机差一点，升限和爬升率都有所降低。

卡 -52 直升机 3D 图

卡 -52 直升机旋翼桨毂特写

卡 -52 直升机驾驶舱玻璃前挡特写

电子设备

　　卡 -52 直升机的机身前部安装了法国汤姆逊公司的热视仪。机身右下方的球形陀螺定位仪上，装有带激光测距仪和目标指示器的大功率瞄准头，它能发现并高度准确地跟踪 5 千米内的小型目标。在桨毂的上方装有"弩"式雷达。另外，它还装备了电子对抗设备。卡 -52 直升机驾驶舱内装有 4 具液晶显示器。首架样机上安装的是法国生产的显示器（其中包括 1 个多功能显示器），量产后，换装俄罗斯本国生产的彩色多功能显示器。此外，还在风挡玻璃上为驾驶员安装了 1 个显示器，领航员带有头盔瞄准显示器。

卡 -52 直升机在树梢高度飞行

卡 -52 直升机发射导弹

衍生型号

名 称	说 明
卡 -52	苏联解体影响了卡 -52 直升机的量产，目前生产数量很少，但俄罗斯计划在经济好转后加大产量
卡 -52K	海军型，与标准型的主要差别在于可折叠的主旋翼和短翼

主要用户

国　　家	单　　位
俄罗斯	俄罗斯空军（现有 78 架，另有 82 架以上未交货） 俄罗斯海军航空兵（现有 2 架卡 -52K 用于测试，另有 27 架以上未交货）
埃及	埃及空军（46 架卡 -52 与卡 -52K）

俄罗斯空军装备的卡 -52 直升机

卡 -52 直升机准备起飞

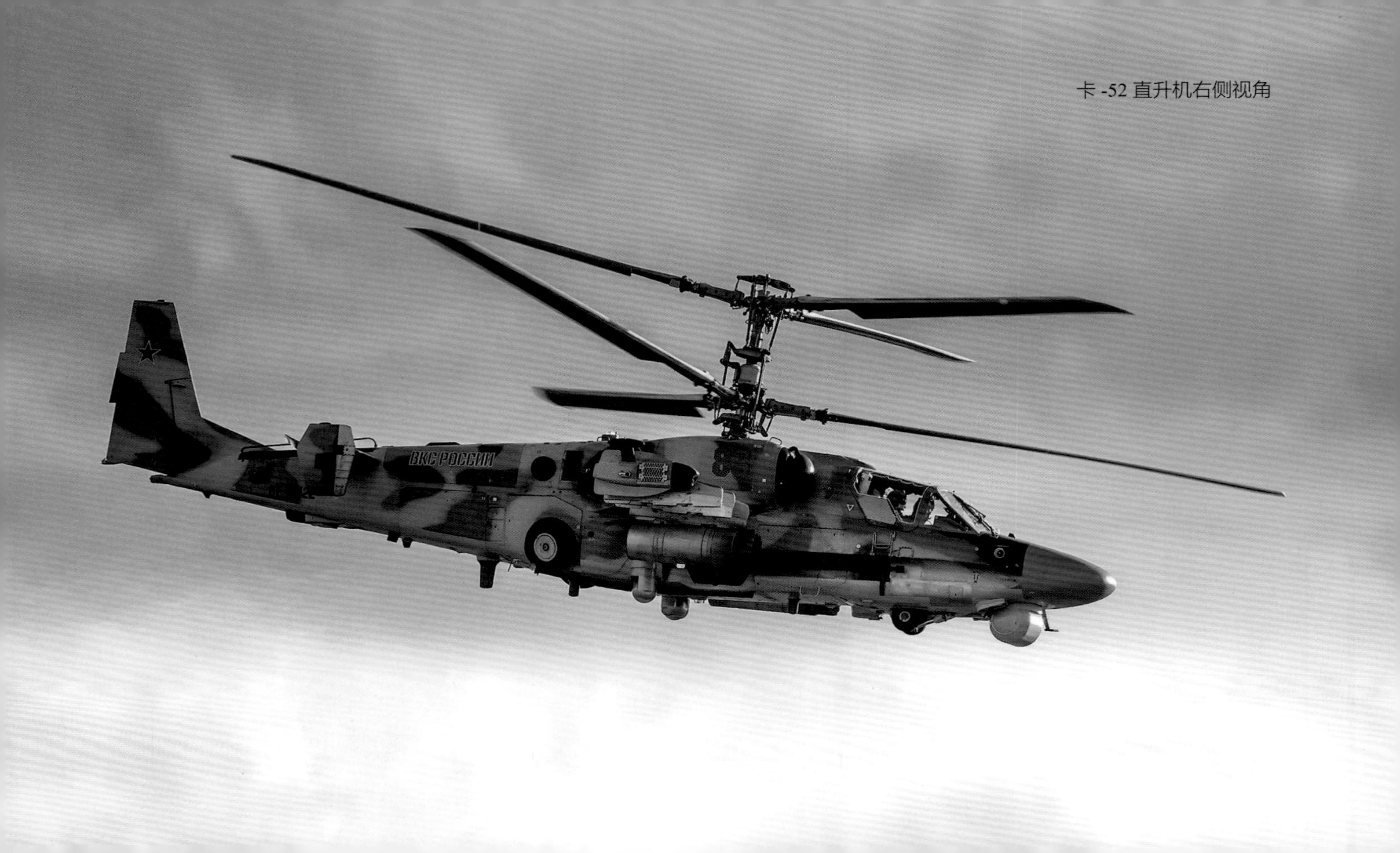

卡 -52 直升机右侧视角

"虎"式直升机

"虎"式直升机是欧洲直升机公司设计并生产的武装直升机，2003 年开始服役，目前已装备德国、法国、西班牙、澳大利亚等国军队。

排名依据
"虎"式直升机的反坦克火力很强，具备全天候作战能力和综合电子对抗能力。

研发历程

20 世纪 70 年代，鉴于专用武装直升机在局部战争中的出色表现，世界各国纷纷研制装备这一机种。当时法国、德国分别装备了"小羚羊"、Bo 105P 武装直升机，但都是由轻型多用途直升机改进而来。因此，两国决定以合作形式，研制一种专用武装直升机——"虎"式直升机。该直升机于 1984 年开始研制，1991 年 4 月原型机首次试飞，1997 年首批交付法国陆军。此外，德国陆军、澳大利亚陆军和西班牙陆军也先后订购。

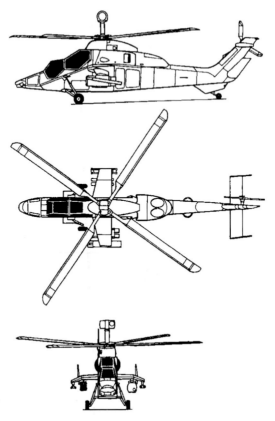

"虎"式直升机三视图

"虎"式直升机编队

总体设计

　　"虎"式直升机主要发展了 4 种型号：HAP 是法国陆军护航和火力支援型；UHT 是德国陆军反坦克和火力支援型；HAC 是法国陆军反坦克型；HAD 是西班牙陆军反坦克和火力支援型。从外形上看，"虎"式直升机的机身较短、大梁短粗。座舱为纵列双座，驾驶员在前座，炮手在后座。机体广泛采用复合材料，隐身性能较佳。该机采用全复合材料轴承的 4 桨叶无铰旋翼系统，尾桨为 3 叶。

停放在地面的"虎"式直升机

性能解析

　　"虎"式直升机装有 1 门 30 毫米机炮，另可搭载 8 枚"霍特 2"或新型 PARS-LR 反坦克导弹、4 枚"毒刺"或"西北风"空对空导弹。此外，还有 2 具 22 发火箭吊舱。动力装置为 2 台罗尔斯·罗伊斯 MTR390 涡轮轴发动机，每台功率为 873 千瓦。"虎"式直升机的机载设备也比较先进，包括综合数字式航空电子设备、四通道自动驾驶仪及雷达 / 激光报警接收机等，使该机具有全天候作战能力，另外，它还具有综合电子对抗能力。

"虎"式直升机高空飞行

"虎"式直升机在山区飞行

趣闻逸事

在 1995 年上映的第十七部 007 电影《黄金眼》（皮尔斯·布鲁斯南主演）中，反派西娜奥纳托和乌鲁莫夫将军偷了一架表演用的"虎"式直升机，为的是得到黄金眼的硬件密码盒；在 2011 年上映的法国电影《特种部队》中，开场不久法军在科索沃地区执行突击抓捕任务的镜头中，"虎"式直升机多次上镜。

动力系统

"虎"式直升机采用两台 MTU、透博梅卡与罗尔斯 - 罗伊斯公司合作发展的 MTR-390 涡轮发动机，单台功率为 972 千瓦。齿轮箱也按照美军直升机的标准，即便润滑油完全漏光，还能持续工作 30 分钟，让飞行员有充足的时间驾机降落于安全地带。此外，"虎"式直升机采用自封油箱，并有惰性气体产生器将惰性气体灌入油箱中以减低受损时起火爆炸的危险。为了降低红外线讯号，"虎"式直升机的发动机排气口设有冷却装置，排气口朝向上方，降低被地面单兵肩射红外线制导防空导弹锁定的机率。为了增加存活率，确保受损时不至于丧失所有机能，"虎"式直升机所有重要回路、导航、飞控、通信与动力系统均采用分离式双重独立备份设计。

"虎"式直升机 3D 图

"虎"式直升机驾驶舱外部特写

"虎"式直升机翼下挂架特写

衍生型号

名　称	说　明
HAP 型	为法国陆军制造的中型空对空战斗及火力支援直升机
UAT 型	中型多用途火力支援直升机，用于装备德国国防军
ARH 型	由澳大利亚陆军订购，在 HAP 型基础上进行修改和升级
HAD 型	与 HAP 型基本相同，但发动机功率提升

主要用户

国　家	说　明
法国	法国陆军共订购 40 架 HAP 型和 40 架 HAD 型
德国	德国陆军订购 80 架 UHT 型
西班牙	西班牙陆军订购 24 架 HAD 型，自 2008 年开始服役
澳大利亚	澳大利亚陆军接收了 22 架 ARH 型

西班牙陆军装备的"虎"式直升机

实战掠影

　　2009 年初，法国陆军决定派遣 3 架"虎"式直升机长期驻扎阿富汗，执行反游击作战、护航以及战场侦察等任务，成为第一批投入实战任务的

"虎"式直升机，它们于 7 月 26 日抵达，同年 8 月开始值勤。法国陆军航空队对于"虎"式直升机在阿富汗的表现十分满意。

2011 年初，利比亚国内发生大规模反政府暴乱，结果遭到利比亚元首卡扎菲武力镇压，随后爆发内战。2011 年 3 月 17 日，联合国安理会通过对利比亚实施禁航区，阻止卡扎菲势力对反抗军与反对人民的攻击，美国、法国、英国等西方国家从 2011 年 3 月 19 日开始对利比亚发动空袭，代号为"奥德赛黎明行动"。同年 5 月 17 日，法国将包含"虎"式直升机在内的 12 架陆军直升机运送至利比亚，这是联合国通过武力介入利比亚之后，参战国首次出动武装直升机进行作战。

"虎"式直升机头部视角

法国军队装备的"虎"式直升机

"虎"式直升机左侧视角

MH-60 "黑鹰" 直升机

MH-60 直升机是 UH-60 "黑鹰" 通用直升机的特种作战衍生型，有 MH-60A、MH-60K、MH-60L 等型号，主要装备美国陆军和海军特种部队。

排名依据

MH-60 直升机继承了 UH-60 直升机的优良特性，并加装了许多有利于特种作战的设备，能很好地满足美军特种部队的需要。

研发历程

1972 年，为了替换老旧的 UH-1 "伊洛魁" 直升机，美国陆军开展了 "通用战术运输机系统" 计划，研制用于部队运送、指挥控制、伤员撤离及侦察的新型直升机。西科斯基和波音两家公司进行竞标，两种飞机均于 1974 年首飞。1976 年 12 月，西科斯基公司的 YUH-60A 赢得了合同，定型为 UH-60 "黑鹰" 直升机。1979 年，"黑鹰" 进入美国陆军服役。20 世纪 80 年代，西科斯基公司在 UH-60 的基础上研制出多种特种作战衍生型，包括 MH-60A、MH-60K、MH-60L、MH-60S 等。MH-60A 是以 UH-60A 为基础改装而来，MH-60L 则是以 UH-60L 为基础改装而来，而这两种机型都是 MH-60K 服役前的过渡机型。MH-60K 原型机在 1990 年 8 月 10 日首飞，首架生产型在 1992 年 2 月 26 日首飞。

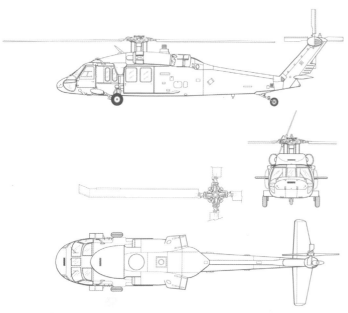

MH-60 "黑鹰" 直升机三视图

第 160 特种作战航空团装备的 MH-60 直升机

美国海军特种部队装备的 MH-60S

总体设计

MH-60 "黑鹰" 直升机采用 4 片桨叶全铰接式旋翼系统，旋翼由钛合金和玻璃纤维制成，直径为 16.36 米，可以折叠。为改善旋翼的高速性能，还采用了先进的后掠桨尖技术。4 片昆桨设在尾梁左侧，以略微上倾的角度安装，可协助主旋翼提供部分升力。另外，尺寸很大的水平尾翼还可增加飞行中的稳定性。MH-60 "黑鹰" 直升机采用 2 台通用电气公司的 T700-GE-700 涡轮轴发动机，并列安装于机身顶部的两肩位置。2 台发动机由机身隔开，相距较远，如有一台被击中损坏，另一台仍可继续工作。

MH-60 "黑鹰" 直升机高空飞行

◈ 性能解析

　　MH-60"黑鹰"直升机在大部分天气条件下，3 名机组成员中的任何一人都可以操纵，运送 1 个全副武装的 11 人步兵班。MH-60 通常装有 2 挺 7.62 毫米 M60 机枪、M240 机枪或 M134 航空机枪、1 具 19 联装 70 毫米火箭发射巢。该机还可发射 AGM-119"企鹅"反舰导弹和 AGM-114"地狱火"空对地导弹。MH-60"黑鹰"直升机在执行低飞作战任务时，极易遭受地面火力攻击，因此采取了很多措施提高生存力。

MH-60S 直升机在军舰上降落

趣闻逸事

　　1991 年海湾战争爆发，美国陆军在战区部署了约 400 架各种型号的"黑鹰"直升机，包括 MH-60。1991 年 2 月 24 日地面战第一天，"黑鹰"直升机成为史上最大规模直升机空运行动的主力，超过 300 架直升机向伊拉克沙漠中的"眼镜蛇"着陆场进行了突击运输。

MH-47 "支奴干" 直升机

MH-47 直升机是 CH-47 "支奴干" 直升机的特种作战衍生型，主要供美国陆军特种部队使用，1992 年开始服役。

排名依据

MH-47 直升机是美军为执行特种作战而研制的远程重型运输直升机，加装了空中受油系统、快速滑降装置及其他一些升级和特种装备以满足美军特种作战的要求。

研发历程

20 世纪 50 年代末，波音公司根据美国陆军发布的中型运输直升机招标书，研发出 CH-46 "海上骑士" 直升机，其放大的改进版本便是后来的 CH-47 "支奴干" 直升机。1963 年，CH-47A 开始装备美军，后来又发展了 B、C、D 型。其中，CH-47D 是美国陆军 21 世纪初空中运输直升机的主力。1987 年 12 月 2 日，波音公司收到 8180 万美元的合同，即在 CH-47D 的基础上为美国陆军特种部队研制 1 架 MH-47 原型机。该原型机在 1990 年 6 月 1 日首飞，首批 11 架于 1992 年 11 月交付。

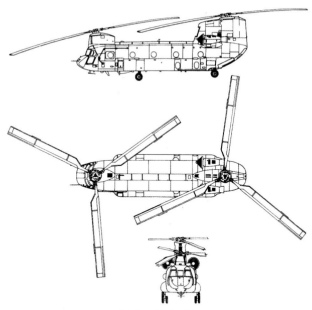

MH-47"支奴干"直升机三视图

降落在草地上的 MH-47"支奴干"直升机

刘易斯堡基地中的 MH-47"支奴干"直升机

总体设计

　　MH-47"支奴干"直升机的机身为正方形截面、半硬壳式结构。驾驶舱、机舱、后半机身和旋翼塔基本上为金属结构。机身后部有货运跳板和舱门。该直升机有 2 副纵列反向旋转的 3 片桨叶旋翼，前低后高配置，后旋翼塔较高，径向尺寸较大，起到垂尾作用，其根部对称配置 2 台发动机。MH-47"支奴干"直升机采用不可收放的 4 轮式起落架，2 个前起落架均为双轮，2 个后起落架为单轮。

MH-47"支奴干"直升机低空飞行

||||▶ ★ 性能解析

MH-47"支奴干"直升机具有全天候飞行能力，可在恶劣的高温、高原气候条件下完成任务。该机可进行空中加油，具有远程支援能力。部分型号机身上半部分为水密隔舱式，可在水上起降。该机运输能力强，可运载33～35名武装士兵，或运载1个炮兵排，还可吊运火炮等大型装备。MH-47"支奴干"直升机的玻璃钢桨叶即使被23毫米穿甲燃烧弹和高爆燃烧弹射中，仍能安全返回基地。凭借特种装备和夜视仪，即使能见度很低，也能凭借精确的导航能力在低海拔的各种地形上执行作战任务。

MH-47"支奴干"直升机在军舰上降落

> ### 趣 闻 逸 事
>
> "支奴干"得名于美洲原住民支奴干族。支奴干人长期生活在哥伦比亚河下游地区。他们在20世纪进行重组，设立了选举制政府和恢复部落文化。

||||▶ ★ 动力系统

MH-47直升机最初安装2台单台功率1640千瓦的莱康明T55-L-5涡轴发动机，后来换装了1980千瓦的莱康明T55-L-7发动机。MH-47直升机配备有辅助动力单元（APU），在偏远机场操作时APU可提供地面自持能源。此外，发动机进气口还增加了过滤器，以延长发动机寿命。

MH-47直升机3D图

美军特种兵从 MH-47 直升机跳伞

MH-47 直升机降落到航空母舰上

作战流程

　　美国陆军特种部队使用 MH-47 直升机进行特种作战的典型任务流程分为三个阶段，包括空中加油、奔袭和部署。为了利于在敌人后方作战，MH-47 直升机安装了一个向前伸出的可伸缩的空中加油探管。这使它能从一架 KC-130J 空中加油机上加油，KC-130J 空中加油机的机身后面拖曳了一个加油锥套。全面安装的地形跟随雷达和前视红外炮塔使 MH-47 直升机能在全天候条件下超低空飞行，并快速地部署特种部队。一旦到达部署区域，士兵可以从后机舱跳板沿着绳梯离开 MH-47 直升机。在此阶段，由两名机枪手提供掩护火力。

MH-47 直升机进行空中加油

美军特种兵在 MH-47 直升机的后机舱跳板上

衍生型号

名　　称	说　　明
MH-47D	由 CH-47 系列发展而来，增加了机鼻气象雷达、前视红外成像仪、玻璃座舱、空中加油探杆，主要装备美国陆军第 160 特种作战航空团
MH-47E	在 1991 年生产 26 架，装备美国陆军第 160 特种作战航空团。机体是由 CH-47C 挑选改装，虽然在装备上参照 MH-47D，但部分装备则是从 CH-47SD 计划里导入

（续表）

名　　称	说　　明
MH-47F	由CH-47C升级的MH-47系列，共改装24架，1993年服役。增加油箱容量，增配气象雷达、APQ-147地貌追踪雷达、电子防御装备、改良的任务管理软件
MH-47G	最新改良版本，换装了更加先进的设备，包括多模式雷达，使飞机在任何气象条件下都可以进行地形跟踪和地形回避；飞机座舱内加装了通用航空电子结构系统，可以增强联合作战能力和驾驶员的态势感知能力

停放在跑道上的 MH-47 直升机

美军特种兵登上 MH-47 直升机

MH-47直升机头部视角

MV-22 "鱼鹰"倾转旋翼机

　　MV-22 倾转旋翼机是 V-22 "鱼鹰"倾转旋翼机的特种作战衍生型，由美国贝尔直升机公司和波音公司联合研制，2007 年开始服役。

排名依据

　　MV-22 "鱼鹰"倾转旋翼机能够快速运输士兵、装备和补给品，既具备直升机的垂直升降能力，又拥有固定翼螺旋桨飞机速度快、航程远及油耗低的优点。

研发历程

　　MV-22 "鱼鹰"倾转旋翼机于 20 世纪 80 年代开始研发，2007 年开始在美国海军陆战队服役，以取代服役较久的 CH-46 "海骑士"直升机和 CH-53E "超级种马"直升机，执行搜救及作战任务。2009 年起，美国空军也开始部署空军专用的衍生版本。目前，"鱼鹰"系列倾转旋翼机已被美国空军及海军陆战队部署于伊拉克、阿富汗和利比亚，执行作战及救援任务。

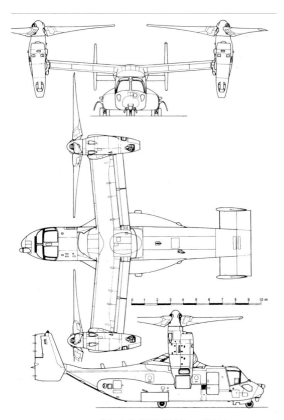

MV-22 "鱼鹰" 倾转旋翼机三视图

MV-22 "鱼鹰" 倾转旋翼机在高空飞行

美军特种兵从 MV-22"鱼鹰"倾转旋翼机上跳伞

总体设计

　　MV-22"鱼鹰"倾转旋翼机在机翼两端各有 1 个可变向的旋翼推进装置，包含罗尔斯·罗伊斯 T406 涡轮轴发动机及由 3 片桨叶所组成的旋翼，整个推进装置可以绕机翼轴朝上或朝前转动变向，并能固定在所需方向，因此能产生向上的升力或向前的推力。这个转换过程一般在几十秒内完成。当"鱼鹰"推进装置垂直向上时，产生升力，便可像直升机垂直起飞、降落或悬停，其操纵系统可改变旋翼上升力的大小和旋翼升力倾斜的方向，以使飞机保持或改变飞行状态。

MV-22"鱼鹰"倾转旋翼机准备降落

美国海军陆战队装备的 MV-22 "鱼鹰" 倾转旋翼机

▶ 性能解析

  MV-22 "鱼鹰" 倾转旋翼机集直升机和固定翼飞机的优点于一体，实现了两者的完美结合。总的来说，MV-22 "鱼鹰" 倾转旋翼机具有速度快、噪声小、振动小、航程远、载重量大、耗油率低、运输成本低等优点，但也有技术难度大、研制周期长、气动特性复杂、可靠性及安全性低等缺陷。

> **趣闻逸事**
>
>   2000 年 4 月，MV-22 "鱼鹰" 倾转旋翼机因缺乏高速率下降 (HROD) 及环状气流状态 (VRS) 预警系统，导致其在模拟夜间人员撤离训练中坠毁，机上 19 人无一生还。同年 12 月，因液压管路爆裂和电脑软件缺陷，MV-22 "鱼鹰" 倾转旋翼机在进行飞行训练中失控坠毁，机上 4 人全部丧生。

▶ 动力系统

  MV-22 倾转旋翼机的每套旋翼系统由 1 台罗尔斯 - 罗伊斯公司制造的 T406-AD-400 涡轮轴发动机提供动力，单台功率为 4590 千瓦。每台发动机驱动其自身的旋翼，并将一些动力传递给驱动翻转机构的机翼中部变速箱。在一台发动机出现故障的情况下，剩下的一台发动机通过内部连接驱动轴将动力分配给两套旋翼系统，MV-22 倾转旋翼机还能够运行。根据不同的配置，MV-22 倾转旋翼机最多可容纳多达 13779 升燃料。如果 MV-22 倾转旋翼机失去了一台发动机，两台发动机通过齿轮箱相互耦合，这使一台发动机可以同时驱动两套旋翼系统。因此，在 MV-22 倾转旋翼机一台发动机发生故障的情况下，飞行员很有机会关闭这台发动机，驾驶它在最近的机场着陆。

MV-22 倾转旋翼机 3D 图

"鱼鹰"倾转旋翼机旋翼特写

"鱼鹰"倾转旋翼机货舱内部特写

衍生型号

名　　称	说　　明
V-22A	用于飞行测试的预生产非正式型号
MV-22B	美国海军陆战队所使用的基本运输型
CMV-22B	美国海军型号，主要用于舰上运输任务
CV-22B	由美国特种作战司令部下辖的航空战力使用的型号
EV-22	空中预警机衍生型
HV-22B	用于战斗搜索和抢救、投送和回收特种部队
SV-22	为海军设计的反潜型

"鱼鹰"倾转旋翼机

"鱼鹰"倾转旋翼机仰视图

主要用户

国　　家	单　　位
美国	美国空军、美国海军陆战队、美国海军
日本	日本陆上自卫队
以色列	以色列空军（计划采购）
印度尼西亚	印度尼西亚军队（计划采购）

美国海军陆战队装备的"鱼鹰"倾转旋翼机

"鱼鹰" 倾转旋翼机在高空飞行

Chapter 09

特 战 防 具

除了各种特种作战武器和载具，特种部队随身携带的防具，如战斗靴、头盔等均采用优质材料和先进技术制造，能在战场上提高每一名特战队员的战地生存能力，保障其战斗力。

 服役时间和生产厂商

TOP5 一体化防弹头盔	
服役时间	20 世纪 90 年代
生产厂商	美国 ILC 多佛公司

TOP4 Raptor 特种眼镜	
服役时间	不详
生产厂商	德国威帅公司

TOP3 Mechanix Wear 手套	
服役时间	2001 年至今
生产厂商	美国超级技师公司

TOP2 HRT 战斗靴	
服役时间	不详
生产厂商	美国罗亚尔·罗宾斯户外服装制造公司

TOP1 模块化集成通信头盔	
服役时间	2001 年至今
生产厂商	美国 CGFGAKKET 公司

一体化防弹头盔

一体化防弹头盔（IBH）是美国特种作战司令部与 ILC 多佛公司联合研制的防弹头盔，设计目的是装备美国特种作战司令部下辖的各大特种部队。

排名依据

IBH 头盔的重量较轻，可以提供特种部队在战斗操作中所需要的轻量级弹道防护，如轻武器和炸弹碎片，能有效避免士兵受到伤害，提高士兵的战地生存能力。

研发历程

ILC 多佛公司是一家专门为美国国家航空航天局开发宇航服的公司，实力非常雄厚。在获得授权后，ILC 多佛公司从 20 世纪 90 年代中期开始生产IBH 头盔。这种头盔的前端可以安装快拆夜视仪支架，以此搭载夜视仪使用。鉴于这种情况，美国威尔科特斯公司还专门为 IBH 头盔推出了若干款夜视仪支架。由于各种原因，这种头盔并未大规模生产，到 2000 年左右总共仅生产了 700 余顶，主要装备美国海军"海豹"突击队、美国空军伞降救援队等特种作战单位。

IBH 头盔后方视角

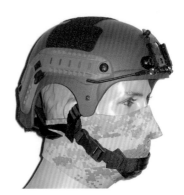

IBH 头盔左侧佩戴效果　　　　　　IBH 头盔右侧佩戴效果

佩戴——的美军士兵

总体设计

　　IBH 头盔的盔体呈圆形，没有采用护耳设计，因此士兵可以在佩戴时使用降噪耳机。头盔采用了四点悬挂系统，内衬部分为若干模块化防撞衬垫，士兵可以根据自身的需要进行调节，悬挂系统在后脑部位也配有衬垫，佩戴时会感到更加舒适和稳定。

佩戴 IBH 头盔的美军士兵（右）

性能解析

　　IBH 头盔能够提供全方位的通信需要，以及夜视仪、防毒面具、高跳低开时所需的面罩系统和其他防护设施的使用。与 MICH 系列头盔相比，IBH 头盔虽然能搭载很多装备，但是不能安装战术导轨。

Raptor 特种眼镜

　　Raptor（猛禽）特种眼镜是德国威帅公司设计生产的特种眼镜，被德国警队和特种部队作为标准装备配备使用。

排名依据

　　Raptor 特种眼镜具有多功能性，可以自行调节以适应不同的脸形，其镜片可以根据需求更换，且无须工具即可自行拆卸，大大节省了士兵们在战场上耗费的时间。

研发历程

　　德国威帅公司成立于 1996 年，成立后设计生产了一系列用于防护、运动、休闲的优秀眼镜，"猛禽"特种眼镜就是其中的杰出代表。它是为军队和警务人员专门开发的特种眼镜，不仅在材质采用方面优于户外系列，并具有符合北约军标的防弹功能，适用于不同的战术行动，给眼睛强有力的保护。除了德国警队和特种部队，其他北约国家的特种部队也有采用。

Raptor 特种眼镜正面视角

佩戴 Raptor 特种眼镜的美国空军特种兵

总体设计

Raptor 特种眼镜的眼镜框为塑料钛制造，具有超强、超韧的特性，能有效防止在运动中因镜架断裂、摩擦对眼睛及脸部造成的伤害。镜框还可以调节，以适应不同脸形的人群。

性能解析

Raptor 特种眼镜采用来自法国公司提供的 TR90 材质镜片，结合了玻璃镜片与树脂镜片的优点，具有防雾涂层和防刮涂层。所有镜片都符合欧洲 EN1836 安全和健康标准，防护等级达到 400 纳米波长，而且视线不会畸变。

Raptor 特种眼镜的佩戴效果

Mechanix Wear 手套

Mechanix Wear 手套是美国超级技师公司设计和生产的专业工作手套，美国多支特种部队均有采用。

排名依据
Mechanix Wear 手套以性能优越、做工好、耐磨度高和价格低廉等优点而著称，深受户外运动爱好者和军事单位的喜爱。

研发历程

超级技师公司成立于 1991 年，公司成立之初，专门为美国赛车运动的后勤和维修人员设计优良的高性能工作手套。不同于传统手套，Mechanix Wear 手套在保护双手之余，又加入了非常独特的创新设计，它在短时间内迅速发展成为赛车运动中的专用手套。2001年，美国为打击恐怖主义而发动反恐战争，美国特种部队率先使用 Mechanix Wear 手套。后来，该种手套在美国军队中广为流行，由前线的士兵到后勤机械师，全部使用 Mechanix Wear 手套，随后又逐渐被应用到执法机构中。

黑色 Mechanix Wear 手套

佩戴 Mechanix Wear 手套的美军士兵

总体设计

Mechanix Wear 手套的主要原料为经过特殊处理的毛皮和特种尼龙，防水、耐磨、防刮，保暖性佳。粗糙的表面加上符合人体工程学的设计，而且针对市面战术手套进行了大量的改进，戴着舒适，不会影响射击时的感觉。经典的图案设计也深受特种兵的喜爱。

性能解析

Mechanix Wear 手套有着色彩丰富的外形和高超精湛的做工技艺，还因其优秀的品质，被军事单位广泛使用。超级技师公司每年都会接到美国许多军事部队的订单，其产品的优越性能与良好的保护功能，受到士兵的一致好评与认可。另外，Mechanix Wear 手套还受到户外探险家、极限运动爱好者们的推崇与喜爱。

佩戴 Mechanix Wear 手套的美军特种兵

趣 闻 逸 事

据不完全统计，世界上平均每 32 秒就有一起工人手部受伤事故发生，美国职业安全及健康管理局称，美国每年支付给正常生产期间发生医疗事故工人的医疗费用和赔偿金高达 3 亿美元。专家因此得出结论，适当的手部防护大约可以减少 70% 的手部受伤。Mechanix Wear 手套则很好地起到了手部保护作用。

TOP 2 HRT 战斗靴

HRT 战斗靴（也称 5.11 战斗靴）是罗亚尔·罗宾斯户外服装制造公司根据美国特种部队和警察单位的建议所研发的新式战斗靴，采用了诸多专利技术。

排名依据

　　HRT 战斗靴内部采用了专利的"新保适"薄膜的防水透气内里设计，加上同样是专利设计的 Dri-Lex"速爽"系统，可以 100% 做到靴内快速吸湿，持久舒适并在足部周围保持干燥爽洁，有效抑制细菌再生。

研发历程

　　HRT 战斗靴是美国罗亚尔·罗宾斯户外服装制造公司旗下 5.11 战术系列中的一款产品。5.11 战术系列创建于 1968 年，其命名源于登山运动，这是形容登山难度的一个级别，5.0 是最简单的，5.10 是一般难度的，5.11 是最难的。5.11 战术系列以耐用性、多功能性、高质量而著称，HRT 战斗靴也不例外。

黑色 HRT 战斗靴

总体设计

　　HRT 战斗靴的足跟部装有撞击缓冲系统，加上 4 层特殊弹性鞋垫，能吸收使用者从高处跳下时的大部分震动能量，有效减缓冲击力。靴底的双模压胶工艺在保证鞋底具有防滑、防油的高度稳定性的同时，也提供了良好的支撑力和穿着的舒适性。靴头的防水耐磨橡胶一直延续到足弓部位，有效保护了最易磨损的靴头，重点部位采用 3 层强化式车缝，使得靴子整体更加牢固。因为没有侧拉链快速穿脱系统，它使用了抗断伞绳作为鞋带，并且随包装附送一个黑色的无纺布鞋袋，方便勤务。

HRT 战斗靴鞋尖视角　　HRT 战斗靴跟部视角

 性能解析

　　HRT 战斗靴几乎全由经过特殊处理的皮革制造，只是在足踝部位为了透气和抗弯折，采用了两条窄窄的 1200 第纳尔耐磨弹道尼龙。靴子内部采用的"新保适"薄膜是一种环保的合成膜，基本可以轧到任何纺织物和皮革上，既能防水，又能透水、透气。

穿着 HRT 战斗靴的美国特警

模块化集成通信头盔

模块化集成通信头盔（MICH）是美国专门针对特种部队的需求而设计的头盔，于 2001 年开始装备部队，截至 2016 年仍然是美军特种部队的重要装备。

排名依据

MICH 头盔比美军以往使用的 PASGT 盔体更浅，取消了帽檐，让士兵视野更开阔。MICH 头盔被戴上几分钟后，会完全贴合士兵的头形，佩戴舒适感良好。

研发历程

MICH 头盔主要有 3 种型号：MICH2000 为全护耳型、MICH2001 为无护耳型、MICH2002 为半护耳型。MICH 头盔自 2001 年开始配发美国特种作战司令部特种部队、海军陆战队侦察部队、第 82 空降师的部分部队。同时，也应用在美军的陆地勇士系统中，并取代 PASGT 成为美军的标准头盔。

MICH2000 全护耳型

MICH2001 无护耳型

MICH2002 半护耳型

佩戴 MICH2000 头盔的美国空军特种兵

总体设计

MICH 头盔有 6 层、7 层或 8 层泡沫衬垫防震系统，能根据士兵的具体要求进行增减。头盔的迷彩盖面是两面用的，可在林地或沙漠中使用。佩戴这种头盔，当全副武装的使用者卧倒时仍然能对目标进行攻击。

佩戴 MICH 头盔的"游骑兵"队员

|||||▷ 性能解析

　　MICH 头盔能抵抗以 442 米 / 秒的速度飞行的 9 毫米子弹，即便子弹是垂直入射。头盔上用来将防震系统固定到帽壳上的螺栓也是冲击式的。这些螺栓将和帽壳一道进行相同的冲击试验。以往的头盔在子弹打在螺栓头上时，极有可能击坏螺栓头，使螺栓的尾部脱落，伤害头盔使用者。而 MICH 头盔能杜绝这种情况的发生，这一点在实战中已得到证实。

佩戴 MICH2001 头盔的 "海豹" 突击队员

Chapter 10

特 战 瞄 具

特战队员所处的环境经常是危机四伏的，对于战场的情报掌握能够大大提高特战队员的战场生存力，其使用的武器上配备的高精度瞄准器更是能有效提高特战队员的射击精度和战斗力。因此，性能优良的瞄具也是特战队员必不可少的装备之一。

> **整体展示**

 服役时间和生产厂商

TOP5 AN/PEQ-15 瞄准器	
服役时间	不详
生产厂商	美国透视科技公司

TOP4 MARS 瞄准镜	
服役时间	2003 年至今
生产厂商	以色列国际科技激光公司

TOP3 SUSAT 光学瞄准镜	
服役时间	不详
生产厂商	英国皇家武装研究及发展机构

TOP2 ACOG 瞄准镜	
服役时间	2007 年至今
生产厂商	特里吉康公司

TOP1 AN/PEQ-16A 瞄准镜	
服役时间	不详
生产厂商	美国透视科技公司

AN/PEQ-15 瞄准器

AN/PEQ-15 瞄准器是美国设计并生产的激光 / 红外线瞄准器，可利用皮卡订尼战术导轨装在步枪上使用，美国普通部队和特种部队均有装备。

排名依据

AN/PEQ-15 瞄准器的体积只有 AN/PEQ-2 瞄准器的一半，只需使用一节 CR12 3 电池供电，续航力较强。

研发历程

AN/PEQ-15 瞄准器是美国透视科技公司按照美国军用标准（MIL-SPEC）制造的，目前正在美国军队中服役，取代过去的 AN/PEQ-2 激光瞄准器，同时也是美国特种部队的第二代改进型套件的一部分。

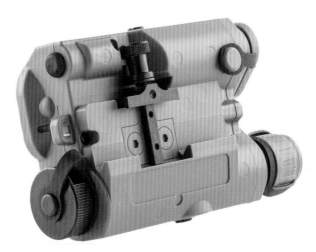

AN/PEQ-15 瞄准器的底座

总体设计

AN/PEQ-15 瞄准器的外形像倒过来的"凹"字，中间"凹"陷部分是皮卡订尼战术导轨连接座，以降低其高度。

AN/PEQ-15 的凹陷设计使其安装在武器上时不会因为受外力撞击而造成连接座断裂，而过去的 AN/PEQ-2 使用轨道座固定时，后方基本上是悬空的，如果从后方撞击，很容易使 AN/PEQ-2 断成两截。

美军测试 AN/PEQ-15 瞄准器

在步枪上安装 AN/PEQ-15 瞄准器的美军士兵（中）

性能解析

　　AN/PEQ-15 分别具有可见镭射 / 红外线镭射 / 红外线照明 3 个发射器，两个较窄的发射口用于步枪的瞄准，另一个较宽的发射口用于发射镭射光，就像一只手电筒一样对目标进行照射。而使用肉眼不可见的红外线激光时，目标上会产生一个非常小的红色激光点，该激光点出现的位置附近的范围就是弹着点。但这只适合阴暗处或夜晚使用，而且必须利用被动式夜视装备才能看到。AN/PEQ-15 的每条镭射光线都可以独立归零，并可以独立调整其照射半径。

趣 闻 逸 事

　　在电影《速度与激情 5》中，AN/PEQ-15 瞄准器被加装于 Mk 14 Mod 1 步枪上，被特工威尔克斯（费尔南多 • 坚饰演）所使用。在游戏《生化危机 4》中，AN/PEQ-15 瞄准器被加装于 MP9 冲锋枪上，被杰克 • 克劳瑟所使用。

MARS 瞄准镜

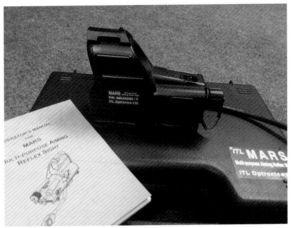

ITL MARS 是一种由以色列国际科技激光公司（ITL）研制生产的枪械瞄准装置。

排名依据

MARS 瞄准镜可发射可见光和红外线两种激光，可借由外置式压力开关激活，并且其重量很轻，还不足 400 克。

研发历程

MARS 瞄准镜由 ITL 公司研制于 20 世纪 90 年代，21 世纪初开始装备于部队，目前已经有一定数目的部队装备购买了这种瞄准镜，其中包括美国（安装于 M16 步枪）、以色列（安装于 TAR-21 步枪）、印度（安装于 INSAS 步枪）等。

安装于 TAR-21 突击步枪上的 MARS 瞄准镜

安装于 M16A4 突击步枪上的 MARS 瞄准镜

总体设计

MARS 瞄准镜外形类似于"L"字母，可发射可见光和红外线两种激光，还可借由外置式压力开关激活。MARS 分为 3 种型号，其中一种发射的激光为可见光，另一种为红外光，还有一种可选择可见光或红外光。这三种型号都具有 3 个亮度挡和 1 个红外挡可进行选择，而且任何一种型号都可以和 ITL Mini N/SEAS 夜视镜进行组合安装。

使用 MARS 瞄准镜的以色列特种部队士兵

性能解析

早期的 MARS 瞄准镜顶部还具有后备三点式机械瞄具，夜晚能提供氚气发光点，这种后备机械瞄具只能做粗略瞄准，仅限于近战中应急使用。后来的型号都取消了后备瞄具。MARS 瞄准镜重量不足 400 克，使用 1 枚 1.5伏 AA 电池供电。具备反射式瞄准镜及镭射瞄准器两种瞄准功能。

> **趣闻逸事**
>
> MARS 瞄准镜被包括阿塞拜疆、以色列、美国和越南等国的军队所使用，并被美军带入伊拉克和阿富汗等战场。

3 TOP

SUSAT 光学瞄准镜

SUSAT（英语：Sight Unit Small Arms, Trilux，意为由 Trilux 生产的轻武器瞄准装置）是一种 4 倍放大倍率的快拆式瞄准镜。

排名依据
SUSAT 瞄准镜具有独特的方尖碑形瞄准分割，这种设计可以捕捉远距离和前景上的目标。目前已被除英国外的多个国家军队所采用。

研发历程

　　SUSAT 瞄准镜是由英国皇家武装研究及发展机构所研发，并且由美国科学仪器公司和阿威莫公司所制造 [现已更名为泰勒斯光学公司]。

通过 SUSAT 瞄准镜观察的画面

夜间使用的 SUSAT 瞄准镜

 总体设计

  SUSAT 瞄准镜的分割标记的设计相比于其他瞄准镜而言，是不寻常的。它并非采用传统十字形准星的分化，内部的底部边缘装有 1 个方尖碑形的瞄准分割，这种分割的种类有时被称为"德国杆"。这种设计可以捕捉远距离和前景上的目标。在低光度条件下，该分割是以氚光照明协助瞄准目标的，由于放射性衰变，它会逐渐失去其原来的亮度，需要每隔 8 ～ 12 年更换一次。

  另外，SUSAT 瞄准镜在顶部装上了整合式的机械瞄具，当瞄具损坏时可作为紧急备用的瞄具。

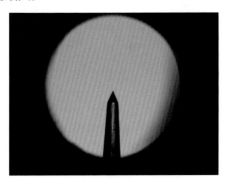

SUSAT 瞄准镜内部的"德国杆"

性能解析

  SUSAT 瞄准镜的外壳是金属铝经过压铸后而成为单件，而瞄准镜内部的接目镜包括协助瞄准目标的透镜和适合大小的棱镜。SUSAT 瞄准镜在英国军队中是 SA80 系列武器、L108 和 L110（伞兵型）轻机枪的主要瞄准装置。
除了英国，它还被喀麦隆、西班牙和瑞典军队采用，尤其是在突击步枪上，
如瑞典的 Ak 5B 突击步枪、西班牙的 CETME LV 步枪。

装在 L85A2 突击步枪上的 SUSAT 瞄准镜

　　在游戏《幽灵行动：尖峰战士 2》中，SUSAT 瞄准镜为武器 L85A2 的专用
瞄准镜。在游戏《使命召唤：黑色行动》中作为 Enfield（游戏内武器名）和
L96A1 的瞄准镜之一，取代了 ACOG 瞄准镜的地位。

ACOG 瞄准镜

ACOG（全称 Advanced Combat Optical Gun sight，意为先进战斗光学瞄准镜）是一种由特里吉康公司研制及生产的光学瞄准镜系统。

排名依据
ACOG 瞄准镜可以在任何情况下提供照明，其内部的氚荧光粉可使用 10 ～ 15 年。

研发历程

ACOG 瞄准镜由特里吉康公司于 2007 年推出。2011 年，特里吉康公司推出了以 AA 电池供电的 ACOG 瞄准镜，其电池电量能够使用 12000 小时（约 500 天）。2013 年，特里吉康公司推出了弹道分割版本和电镀镍硼表面处理版本的 ACOG 瞄准镜。

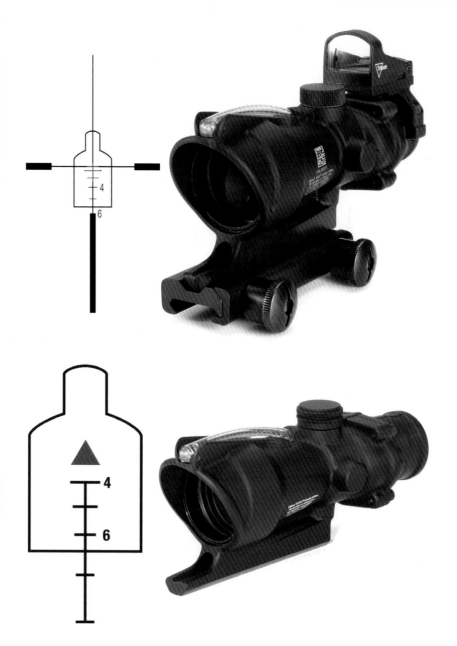

装有光线导光管的 ACOG 瞄准镜及其内部分割标记

总体设计

ACOG 瞄准镜是专为 M16 系列步枪而设计的，具有一个"夹片式"设计的基座。ACOG 瞄准镜无须使用电池，它被设计成内置式放射性衰变氚荧光粉，可在任何情况下提供照明。ACOG 瞄准镜的有些型号会在瞄准镜的外部顶端加上一条采光用的被动外置式光线导光管系统，这在通常情况下能够使分割标记的亮度与视野配合。

ACOG 瞄准镜除了能安装在 M16 系列步枪以外，还可安装在伯莱塔 AR70/90 系列、ARX-160 系列、SCAR 突击步枪、HK G36、HK121 等武器上。

通过 ACOG 瞄准镜看见的景象

性能解析

ACOG 瞄准镜与许多反射式瞄准镜相反，其内部的叠加式分割标记是由内置式荧光粉作夜间照明。有些型号的 ACOG 瞄准镜会在瞄准镜的外部顶端加上一条采光用的被动外置式光线导光管系统，以便在白天吸收自然光，然后在自然光不足时使用安装于 ACOG 瞄准镜内部低放射性的氢同位素氚灯提供光源。

趣闻逸事

ACOG 瞄准镜能够装备于多款武器上，同时也广泛出现于多部影视剧中，其中包括电影《绿巨人》《变形金刚 3》《碟中谍 3》和电视剧《犯罪现场调查：迈阿密》等。

AN/PEQ-16A 瞄准镜

　　AN/PEQ-16A（MIPIM，意为迷你集成定点照明模块）是一种由美国透视科技公司研制及生产的镭射 / 红外线瞄准器系统。

排名依据

　　AN/PEQ-16A 具有发射镭射光、红外线镭射、红外线照明 3 种功能，并有阻止转动模式切换到任何高功率模式的阻挡螺丝，能有效防止眼睛受到损伤。

研发历程

　　AN/PEQ-16A 瞄准镜改进自 AN/PEQ-16，而 AN/PEQ-16 则是 AN/PEQ-15 的改进型，其在红外线照明的基础上增加了白光灯功能，目的是让士兵在安装了 AN/PEQ-16 瞄准镜之后，不用再加装战术灯。但由于体积、重量和能耗等问题，AN/PEQ-16 瞄准镜并未大批量装备部队。而 AN/PEQ-16A 瞄准镜则经过重新设计，改进了体积、重量和能耗等问题，现已被美国海军陆战队等部队用于实战。

正在保养武器的美军士兵，其武器上装有 AN/PEQ-16A 瞄准镜

总体设计

AN/PEQ-16A 瞄准镜使用 2 枚 CR123A 电池供电，它的外形设计比较像倒过来的"凹"字，中间凹陷部分是皮卡订尼战术导轨连接底座。这样的设计使 AN/PEQ-16A 安装于武器上面时更贴近武器本体，不会因为外力撞击而造成固定底座断裂。

装在 M4 卡宾枪上的 AN/PEQ-16A 瞄准镜

||||▷ **性能解析**

　　AN/PEQ-16A 瞄准镜具有镭射、红外线镭射、红外线照明发射器 3 种功能，并有一只白光灯。白光灯位于右侧，其他 3 个发射口则整合在左侧。左侧两个较窄的发射口用于步枪的瞄准，另一个较宽的发射口用于发射镭射光以对准目标照射。当使用肉眼不可见的红外线激光时，目标上会产生 1 个非常小的红色激光点，该激光点出现的位置附近便是弹着点。白光灯的用途与一般战术灯一样，用于暗处搜索。

使用 AN/PEQ-16A 瞄准镜的美国海军陆战队队员

趣 闻 逸 事

　　在游戏《使命召唤：现代战争 2》中，AN/PEQ-16A 瞄准镜被安装于 M4 卡宾枪上，并被美国陆军第 75 游骑兵团的士兵使用。

Chapter 11
夜 战 装 备

特战队员需要全天候保持警戒与战备，其中许多任务都需要借助夜晚的掩护来进行，为了能让特战队员在夜晚或光线不足的环境中依然保持超高的战斗水平，各军事装备厂商为特战队员研发制造了许多夜战装备，其中主要包括夜视仪、战术灯等。

 服役时间和生产厂商

TOP5　SureFire 战术手电筒	
服役时间	1984 年至今
生产厂商	SureFire 公司

TOP4　Kill Flash 防反光装置	
服役时间	不详
生产厂商	美国坦尼伯纳克斯公司

TOP3　AN/PVS-14 夜视仪	
服役时间	2000 年至今
生产厂商	美国透视科技公司

TOP2　MS 2000 频闪求生信号灯	
服役时间	不详
生产厂商	美国爱默生公司

TOP1　AN/PSQ-20 增强型夜视仪	
服役时间	2007 年至今
生产厂商	美国透视科技公司

SureFire 战术手电筒

SureFire 战术手电筒是一款由美国 SureFire 公司研制及生产的夜战装备。该公司主要生产手电筒、头灯、激光瞄准器等。

排名依据
SureFire 战术手电筒采用阳极氧化铝合金材料制成，坚固耐用，还具有防水功能，能满足多种条件下的使用。

研发历程

SureFire 公司成立于 1969 年，专业从事工业激光产品。后来马修斯发明了一种激光瞄准器后，SureFire 公司在 1979 年成立了一家专门生产这类产品的分公司。1984 年，该公司为洛杉矶警察局提供了一款猎枪激光瞄准器，用于 1984 年夏季奥运会安保工作，这是该公司第一个被肯定的产品。到 2000 年，SureFire 公司已经成为一个成功的生产各类战术灯的品牌公司。

装于 FN57 手枪下的 SureFire 战术手电筒

SureFire 战术手电筒

总体设计

SureFire 战术手电筒外壳大多采用阳极氧化铝合金材料制成，其中一些外壳还采用了聚酰胺尼龙塑料。SureFire 手电筒有红色、蓝色和绿色等颜色。还有包括手电筒防水套等多种配件。

2010 年，SureFire 战术手电筒经过改进的 LFP123A 可充电锂电池成功替换了之前的 CR123A 锂电池，这种改进后的 SureFire 战术手电筒被成功地安装于军事武器上，包括手枪、步枪、轻机枪和猎枪等。

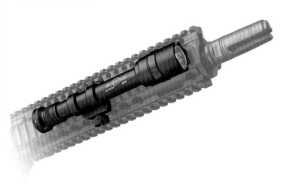

SureFire 战术手电筒安装于突击步枪示意图

性能解析

SureFire 战术手电筒的一些型号使用白炽灯，而大多数型号则使用 LED 灯，由电子控制功率和调节亮度。最新的 SureFire 战术手电筒还增加了闪光灯功能，用于发送信号或迷失方向时求救。SureFire 公司生产了许多不同大小的战术手电筒，这些手电筒主要由 CR123A 锂电池供电，这种电池体积小、重量轻，并能提供高功率输出，保质期也很长。

Kill Flash 防反光装置

Kill Flash 是美国坦尼伯纳克斯公司设计并生产的光学器材防反光装置（ARD），Kill Flash 是该产品的注册商标，意为"杀死闪光"。

排名依据
Kill Flash 防反光装置适于多种光学系统，包括双目镜、夜视监视光学系统、护目镜、武器瞄准器等，能有效避免因武器反光而暴露位置等问题。

研发历程

在现代战争中，不少士兵因为他们手中的望远镜、狙击步枪上的瞄准镜所反射的光线暴露了自身位置，从而导致人员的伤亡、行动的失败。传统的防反光方式是在镜片前套上 1 个圆筒形的遮阳筒，不过遮阳筒较长，使用并不方便，特别是在当前突击武器越来越轻巧的趋势下，很容易影响狙击手的作战效果。Kill Flash 防反光装置就是在这种背景下研制的，其隐蔽性使得它一面世就获得特种部队的青睐，美军特种部队最先在他们的先进战斗光学瞄准镜（ACOG）上安装了这种装置。根据各种光学器材的规格，Kill Flash 防反光装置也有着不同的尺寸和重量，但基本结构都是一致的。

带有护盖的 Kill Flash 防反光装置

光学瞄准器上的 Kill Flash 防反光装置

Kill Flash 防反光装置特写

总体设计

Kill Flash 防反光装置其实也是采用传统的遮阳原理，但结构和材料却很新颖。它是在 1 个较短的铝筒内装上一个用树脂材料加强的蜂巢形多孔圆板。当光线透过这些小孔射到镜面上时很难形成强烈的大面积反光，就如同在镜片前装上无数个微小的遮阳罩一样。

性能解析

Kill Flash 防反光装置主要用于防止望远镜和狙击枪瞄准镜等光学器材的反光，避免暴露使用者的位置。Kill Flash 防反光装置是一种轻型、现场抗闪烁的解决方案，它隐藏反射，不损失分辨率、没有大量的光损失，还具有特殊配置的小管蜂巢结构，起普通镜头盖的作用。Kill Flash 防反光装置可隐藏反射，并且对由视场外部光源引起的眩光进行屏蔽。

美军枪械瞄准镜上安装的 Kill Flash 防反光装置

AN/PVS-14 夜视仪

AN/PVS-14 夜视仪是美国设计并制造的轻型单眼夜视仪，目前被广泛应用于美国各军种特种部队以及警方的特种战术小组。

排名依据

AN/PVS-14 夜视仪是一种可靠的高性能轻型夜视仪，具有较高的分辨率，可以提高士兵的机动性和目标识别能力。

研发历程

AN/PVS-14 夜视仪是美军继 AN/PVS-7 夜视仪后的夜间视觉装备，2000 年开始装备部队。

AN/PVS-14 夜视仪各角度特写

安装在头盔上的 AN/PVS-14 夜视仪

总体设计

　　AN/PVS-14 夜视仪采用美国国际电话电报工业公司（ITT）专利的"顶峰"薄片式图像增强器，可依靠 1 节 AA 电池工作。与此前的图像增强器相比，这种"顶峰"图像增强器的可见光探测能力提高了 10 倍以上。

装在步枪上的 AN/PVS-14 夜视仪

性能解析

　　AN/PVS-14 夜视仪坚固耐用，可以手持、头戴，也可以安装在武器和摄像机上用于夜间的拍摄。AN/PVS-14 夜视仪可以通过支架安装到 MICH、

PASGT、ACH、ECH 等多种头盔上，也可以用转接装置接到各种装有标准导轨的枪械上，并且可以和其他瞄具配合使用。它比前代 AN/PVS-7D 的分辨率高、重量轻，步兵作战小组使用起来更加灵活，同时观察距离也明显增加。具体来说，这种夜视仪可用来提高士兵态势感知能力及在恶劣环境条件下的能见度。

MS 2000 频闪求生信号灯

　　MS 2000 频闪求生信号灯是美国特种部队使用的求生装置，由爱默生公司设计并生产，主要用于辨别敌我、标注位置和提供求救指示。

排名依据

　　MS 2000 频闪求生信号灯能发出高强度的白光，远在 9.6 千米外都能看到其发出的光。并且具有在恶劣的户外环境下仍可放心使用的性能，大大满足了特种部队的作战需求。

研发历程

　　MS 2000 频闪求生信号灯是美国爱默生公司设计的求生装置，用于取代美国军队装备的 SDU5/E 求生灯。时至今日，虽然美国军队中的新款战术灯、求生灯层出不穷，但各个兵种仍然大量使用 MS 2000 频闪求生信号灯。对于空军飞行员来说，当他们在地面迫降时，MS 2000 频闪求生信号灯可有效地为救援队发出求生信号。对于特种作战人员来说，他们经常会将 MS 2000 频闪求生信号灯稍加改造，将其固定在头盔上面，引导 CH-47、CH-60 等直升机进行搜索/营救任务。

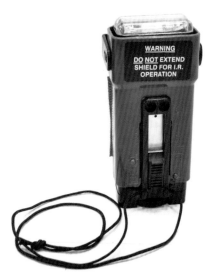

MS 2000 频闪求生信号灯

总体设计

　　MS 2000 频闪求生信号灯的电池盖是悬钮锁死设计，可以达到很好的密封性。后盖和灯体之间有钢丝连接，可以避免后盖丢失。新款的 MS 2000 频闪求生信号灯还带有 1 个铁丝保险，防止意外打开开关。MS 2000 频闪求生信号灯本身带有滤光罩，当使用滤光罩的时候，只有在夜视仪下才能看到闪光。

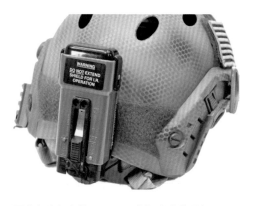

固定在头盔上的 MS 2000 频闪求生信号灯

性能解析

MS 2000 频闪求生信号灯使用 2 节 AA 电池供电，能发出 25 万流明（1流明表示 1 支普通蜡烛在半径为 1 米的圆球上的总发射光通量）的白光。据测试，MS 2000 频闪求生信号灯的防水深度达到 10 米，即便是落入海中的特种兵也能使用它求救。

将 MS 2000 频闪求生信号灯固定在头盔上的美军特种兵

AN/PSQ-20 增强型夜视仪

AN/PSQ-20 增强型夜视仪是一款美军正在使用的由 ITT 工业公司研制的单眼夜视仪。

研发历程

2003 年 8 月，美军对 ITT 工业公司和诺斯洛普·格鲁曼公司的先进夜视设备进行评估，判断两家公司的产品能否满足美军未来战士计划的要求。2004 年 7 月，ITT 工业公司与雷神公司共同研发设计的 AN/PSQ-20 夜视仪通过初选，并分发给 1 个部队于 2006 年开始专门测试 AN/PSQ-20 夜视仪，并于 2007 年 3 月通过测试。随后 ITT 工业公司获得了 1 个价值 5.6 亿美元价值的合同，生产 AN/PSQ-20 夜视仪以取代 AN/PVS-7 和 AN/PVS-14。

通过 AN/PSQ-20 夜视仪看到的画面

总体设计

AN/PSQ-20 增强型夜视仪是第一个结合图像增强器和红外线（热成像）技术的夜视装置，在此之前，这两种技术只能单独使用。AN/PSQ-20 夜视仪可以将图像增强和热成像技术一起使用，可以固定在头盔上，也可单独手持使用。AN/PSQ-20 由 4 节 AA 电池组合供电，可以连续使用图像增强模式和红外线模式共 7.5 小时。

固定在头盔上使用的 AN/PSQ-20 夜视仪

性能解析

　　AN/PSQ-20 夜视仪被列为第三代被动式夜视装备，它可以通过热成像提供视野，甚至可以在没有足够的自然光的环境下对图像进行增强，从而可以避免使用红外照明（主动夜视）。

　　AN/PSQ-20 夜视仪在战场上还可以透过烟或雾看到另一头的敌人。该夜视仪合并图像增强和热成像技术后，能够让士兵更好地对目标进行识别，从而提高士兵的机动性与态势感知能力。被固定在头盔上使用时重心接近使用者，使用起来更舒适与稳定。

使用 AN/PSQ-20 夜视仪的美军士兵

趣 闻 逸 事

　　截至 2015 年 7 月，美国陆军购买了大约 9000 个 AN/PSQ-20 Ⅰ 型和 16000 个 AN/PSQ-20 Ⅱ 型，并计划部署 AN/PSQ-20 Ⅲ 型。

美军士兵体验 AN/PSQ-20 夜视仪